L'INSTRUCTION CIVIQUE

A L'ÉCOLE

CE VOLUME FAIT PARTIE

DU

NOUVEAU COURS COMPLET

D'ENSEIGNEMENT PRIMAIRE

CONFORME A LA LOI DU 28 MARS ET AU PROGRAMME OFFICIEL DU 27 JUILLET 1882.

A L'USAGE DE TOUS LES ÉTABLISSEMENTS D'INSTRUCTION

PAR MM.

PAUL BERT
Député
Membre de l'Institut, Professeur à la Sorbonne

EDGAR ZEVORT ✳
Ancien élève de l'École normale supérieure
Agrégé d'histoire, Docteur ès lettres, Inspecteur d'Académie à Paris
Délégué dans les fonctions d'Inspecteur général

A. BURDEAU ✳
Ancien élève de l'École normale supérieure
Agrégé de philosophie, Professeur au lycée Louis-le-Grand

E. CUISSART I. ☯
Membre du Conseil supérieur de l'Instruction publique
et du Conseil départemental de la Seine, Inspecteur primaire à Paris

E. ROCHEROLLES I. ☯
Ancien élève de l'École normale supérieure
Agrégé de l'Université, Professeur au lycée Louis-le-Grand
et à l'École normale supérieure d'instituteurs

E. COMBETTE ✳
Ancien élève de l'École normale supérieure
Agrégé de l'Université, Professeur de mathématiques au lycée Saint-Louis

HENRI REVERDY
Ancien notaire, ancien juge de paix

A. P. DE LAMARCHE A. ☯
De l'Association des membres de l'enseignement.

A. DELAPIERRE
Inspecteur primaire de la Seine.

A. LACABE-PLASTEIG
Professeur d'École normale.

PAUL REVERDY
Instituteur public

Loi du 28 mars 1882. — Programme officiel du 27 juillet 1882

ÉCOLES DE GARÇONS

L'INSTRUCTION CIVIQUE

A L'ÉCOLE

(NOTIONS FONDAMENTALES)

**LE SERVICE MILITAIRE — LA PATRIE — L'IMPOT — LA JUSTICE
LE PARLEMENT — LA LOI — LE GOUVERNEMENT — L'ÉTAT
LES COMMUNES — LES DÉPARTEMENTS — L'ADMINISTRATION
LIBERTÉ, ÉGALITÉ, FRATERNITÉ — LA RÉVOLUTION**

LEÇONS. — RÉSUMÉS. — LEXIQUE
EXERCICES ORAUX ET ÉCRITS. — DEVOIRS POUR LE CERTIFICAT D'ÉTUDES
76 GRAVURES ET CARTES

PAR

M. PAUL BERT

DÉPUTÉ

MEMBRE DE L'INSTITUT, PROFESSEUR A LA SORBONNE

Ouvrage inscrit sur la liste des livres fournis gratuitement par la **Ville
de Paris** à ses Écoles, adopté par les villes de **Lyon, Bordeaux,
Marseille**, etc, porté sur la plupart des listes départementales et
honoré d'une **médaille d'or** à l'Exposition de Bordeaux (1882).

ONZIÈME ÉDITION

REVUE ET CORRIGÉE

2066.

Par l'École.
Pour la Patrie.

PAUL BERT

PARIS

LIBRAIRIE PICARD-BERNHEIM ET Cie

11, RUE SOUFFLOT, 11

1883

Tout exemplaire non revêtu de notre signature sera réputé contrefait.

OUVRAGES DU MÊME AUTEUR

A LA MÊME LIBRAIRIE

L'Instruction religieuse dans l'école. Conférence faite par M. Paul Bert au Cirque d'Hiver, au profit de l'École laïque libre et de la Bibliothèque du XX° arrondissement de Paris, le 2 août 1881, sous la présidence de M. Gambetta. — Nouvelle édition. Jolie brochure in-18 jésus, imprimée avec soin . » **75**

De l'Éducation civique. — Conférence faite au palais du Trocadéro, le 6 août 1882, au profit des Bibliothèques populaires syndiquées du département de la Seine. Brochure in-18 jésus . . . . » **40**

Rapport fait à la Chambre des députés, le 30 juin 1882, au nom de la commission chargée d'examiner : 1° la proposition de loi de M. Paul Bert sur *l'organisation de l'enseignement primaire ;* 2° le projet de loi relatif à la *nomination et au traitement des instituteurs et institutrices primaires.* — Brochure in-18 jésus . . . . » **75**

Discours prononcé par M. Paul Bert à l'occasion du **BAN-QUET** qui lui a été offert par les instituteurs et les institutrices de France, le 18 septembre 1871. — Jolie brochure in-18 jésus avec PORTRAIT, MEDAILLE, et la liste de tous les souscripteurs au banquet et au buste . . . . » **75**

En préparation :

L'Instruction civique à l'école. — *Cours élémentaire.* 1 volume avec gravures.

L'Instruction civique à l'école. — Cours complet, à l'usage des Écoles normales et des établissements d'enseignement secondaire (filles et garçons). 1 volume.

Épisodes de la guerre de 1870-71. — Livre de lecture à l'usage des écoles. 1 beau volume illustré, sur papier teinté.

AVANT-PROPOS

C'était une nouveauté il y a peu d'années, et c'est aujourd'hui un lieu commun, de dire qu'on ne peut continuer à élever dans l'ignorance de ses devoirs et de ses droits un peuple souverain. La proposition de loi sur laquelle j'ai eu l'honneur de déposer un rapport à la dernière Chambre, le 6 décembre 1879, et qui est devenue loi de l'État [1], disait dans son article 3 : « L'enseignement dans les écoles primaires comprend . 1º L'INSTRUCTION MORALE ET CIVIQUE ; 2º..., etc. »

Et cette disposition nouvelle, que bien des esprits timorés considéraient alors comme révolutionnaire, j'en donnais les raisons, et j'en indiquais la portée, avec l'assentiment de la Commission, dans les termes suivants :

« A l'Instruction morale vient s'ajouter, dès l'école primaire proprement dite, l'Instruction civique. C'est encore une innovation, presque aussi importante que la première (l'Instruction morale).

« Si, en effet, nous devons d'abord, dans l'école, former des hommes et des femmes à l'âme fortement trempée, notre premier souci doit être ensuite d'y former des citoyens. Or, c'est ce qu'on a complètement oublié dans notre système actuel d'enseignement. A part quelques banalités littéraires, dictées ou récitées, sur la grandeur de la France et l'amour de la Patrie, l'enfant n'entend presque jamais parler de son pays, de la constitution qui le régit, des droits qu'il sera appelé à y exercer, des devoirs corrélatifs à ces droits. Un bon élève connaîtra sur le bout du doigt le nom des douze tribus d'Israël et la règle des participes; mais cet enfant, qui demain sera citoyen ou épouse de citoyen, à peine saura-t-il que la France est une République, et ce que signifient les élections pour le Sénat, pour la Chambre des députés, pour les Conseils départementaux et communaux, dont il entend parler autour de lui, auxquelles bientôt il va prendre part. Une pareille ignorance peut convenir à un régime despotique qui ne veut que brutalement ou hypocritement imposer ses volontés; elle serait en contradiction flagrante avec un régime de liberté, de discussion, d'élections libres.

« Et l'Instruction civique ne doit pas seulement, à notre gré, comprendre l'exposé, fait par l'instituteur, de la Constitution qui nous régit, de l'organisation civile, administrative, financière, militaire, politique, de notre société démocratique et laïque; elle doit être bien plus encore. La souveraineté et l'indivisibilité de la nation, l'égalité devant la loi, le respect de la liberté individuelle, l'égale participation aux charges sociales, l'égale

---

1. Le 28 mars 1882.

accession aux emplois publics, le suffrage universel, le vote libre
de l'impôt et, par-dessus tout peut-être, la liberté de conscience :
toutes ces conquêtes de la Révolution française devront être en-
seignées à l'enfant avec respect, avec reconnaissance.

« Il faut que l'amour de la France ne soit pas pour lui une for-
mule abstraite, imposée à sa mémoire comme un dogme de religion, mais qu'il en comprenne les motifs, qu'il en apprécie la
grandeur et les conséquences nécessaires. Car c'est en l'aimant et
en raisonnant cet amour qu'il apprendra à se donner tout à elle,
et, accomplissant jusqu'au bout son devoir de citoyen, à se dé-
vouer, s'il le faut, soit pour le salut de la Patrie, soit pour la
défense des principes dont le triomphe a fait de lui un homme
libre et un citoyen. Ainsi sera réellement fondée l'*Éducation nationale*.

« Et, dans notre pensée, cet enseignement civique ne devra pas
se borner à des leçons spéciales, toujours écoutées assez froide-
ment par l'enfant ; il devra, comme l'enseignement moral, ressortir de tous les incidents de la classe, de tous les exercices sco-
laires. Les dictées, les livres de lecture, les modèles d'écriture
eux-mêmes, devront y concourir ; l'étude de l'Histoire, et particulièrement de l'histoire de France, devra y être en quelque
sorte consacrée. Ce n'est pas pour charger la mémoire de l'enfant
de noms de rois inconnus, de dates de batailles, de récits légen-
daires, d'anecdotes puériles, que nous avons inscrit l'Histoire
dans le programme primaire. C'est pour que l'histoire générale
lui laisse dans l'esprit une idée du développement de l'humanité
à travers les âges. C'est pour que l'histoire de France lui enseigne au prix de quelles souffrances, à travers quelles péripéties
sanglantes, a été constituée la nation, ont été récemment con-
quises la liberté civile et la liberté religieuse ; quel éclat la
France a jeté sur le monde ; quels hommes illustres et utiles elle
a produits ; de quelles idées généreuses elle s'est toujours faite le
champion : et pour qu'il apprenne ainsi à honorer ceux qui
furent grands , à vénérer ceux qui ont souffert pour le progrès et
la vérité, à aimer l'état social qu'ils ont préparé, à travailler à
son tour pour le défendre et l'améliorer, et aussi à haïr le fana-
tisme et mépriser la tyrannie. Ainsi s'échauffera dans le cœur
des jeunes citoyens l'amour de la Patrie et de la Liberté.

« Que si l'on nous reproche d'introduire ainsi la politique sur
les bancs mêmes de l'école, nous répondrons d'abord qu'il faudra
se garder d'enseigner les détails de la Constitution, et même les
principes fondamentaux de notre état politique et social comme
des articles de foi et des exemples de perfection absolue. Pour
les premiers, l'exposition en doit être simple et brève, exempte
de toute appréciation; pour les seconds, l'instituteur montrera
qu'ils ne sont qu'une application imparfaite encore de ces vérités
morales qu'il aura, dans les années antérieures déjà. — car

il est clair que ces notions sont réservées pour les enfants les plus âgés, — fait profondément pénétrer dans l'âme de ses élèves.

« Mais, abordant l'argument de front, nous répondrons, en outre, qu'une nation n'étant pas une simple juxtaposition d'individus reliés par des intérêts matériels et des lois de police, mais une individualité collective ayant ses raisons d'existence et ses principes de vie, il lui appartient, comme droit et comme devoir, de veiller à ce que les citoyens soient élevés avec la connaissance et dans le respect de ces principes mêmes; sans quoi l'éducation publique ne serait qu'une préparation de l'anarchie. On peut dire qu'à toutes les époques, toutes les nations ont ainsi compris leur rôle; il est grand temps que la France le comprenne à son tour. Il y a même ici une urgence d'un caractère tout spécial; car cet état politique et social pour la constitution duquel tant de sang a coulé, s'il n'est presque jamais défendu, est très souvent attaqué dans nos écoles par toute une catégorie de ceux à qui la loi a donné le beau titre d'instituteurs publics. Et s'il n'a pas encore produit tout ce qu'on doit en attendre, c'est en grande partie parce que, grâce à d'habiles manœuvres, l'esprit des temps passés préside presque partout à la préparation de l'avenir.

« Et combien la nécessité d'un pareil enseignement se fait plus vivement sentir dans une démocratie que dans un gouvernement personnel ou oligarchique! Que deviendra l'empire, si le souverain n'a nulle connaissance de ses droits, nul souci de ses devoirs? Le sentiment de sa toute-puissance pourrait entraîner le peuple aux plus redoutables excès, s'il ne recevait dès l'école la forte discipline d'une éducation civique et morale. »

Le petit livre que je présente aujourd'hui au public a pour but de donner un corps à ces sentiments, qui ont obtenu successivement l'approbation de la Chambre des députés et celle du Sénat. Il s'adresse aux élèves de nos écoles primaires, et s'efforce de leur donner des idées suffisamment précises de la grandeur du rôle qu'est appelé à jouer dans une démocratie chaque citoyen, c'est-à-dire chaque fraction du souverain.

Mettre les citoyens à la hauteur de leur rôle, tel est le grand problème de l'époque actuelle, où le commun pouvoir a précédé la connaissance des devoirs qu'il impose et une suffisante préparation des esprits.

Si l'on considère les conditions dans lesquelles ont été jusqu'ici élevés dans l'école les futurs citoyens, il n'y a pas lieu de s'étonner des fautes commises depuis notre grande Révolution. Et si l'on cherche à se rendre compte avec précision de ce qui manque à cette préparation, réduite dans l'immense majorité des cas à la lecture, l'écriture, les éléments du calcul et de la grammaire, avec quelques notions de géographie et d'histoire, on s'aperçoit que c'est, après l'instruction morale, qui domine tout, l'instruction civique et l'instructions cientifique.

Je me suis expliqué plus haut pour l'instruction civique, et, du reste, la chose est évidente d'elle-même. Mais l'importance des sciences d'observation et d'expérimentation dans l'éducation du citoyen paraît moins manifeste. Et cependant elle est des plus considérables à mes yeux. Car l'habitude de voir juste, que donnent les sciences naturelles, et de mettre les choses en ordre correct, s'applique tout autant aux faits de la politique courante qu'aux êtres et aux choses de la nature. Et l'habitude de n'être satisfait que par les preuves expérimentales, que donnent les sciences physiques, rend tout aussi exigeant pour les théories économiques, politiques et sociales, que pour celles du monde physique.

C'est pour cette raison que je fais paraître en même temps que le présent livre, et comme lui destiné aux enfants, un *Cours élémentaire de sciences physiques et naturelles*. Je crois travailler de la sorte par deux moyens, en apparence bien différents, à une œuvre commune : la préparation du citoyen. C'est ainsi que deux pilotis, en apparence aussi, bien différents l'un de l'autre, concourent à une œuvre commune : l'assiette solide de l'édifice.

Oui, la préparation la plus rapide possible de citoyens maîtres de leur esprit, sûrs de leur jugement, pénétrés de la connaissance de leurs droits et du sentiment de leurs devoirs, telle doit être aujourd'hui la principale préoccupation de tout vrai patriote. Il faut savoir tout abandonner pour cette œuvre urgente et d'intérêt suprême : tout, jusqu'aux joies de la libre découverte dans les régions encore inconnues de la science. « Si nous avons décrété « l'éducation du peuple, disait un conventionnel, nous aurons « assez vécu. » Certes, décréter est bon et nécessaire ; mais il faut surtout exécuter. J'ai tâché d'y travailler pour ma part : puissent mes sincères efforts n'être pas inutiles !

Auxerre, 26 août 1881.

PAUL BERT.

NOTE POUR LA 11ᵉ ÉDITION

En publiant cette onzième édition, à laquelle ont été apportées un certain nombre de modifications de détail, et qui est augmentée d'une courte biographie de Léon Gambetta (voir page 167), j'appelle particulièrement l'attention de MM. les instituteurs sur le chapitre VII : *La Révolution*. Les attaques, aussi injustes que violentes, dont il a été l'objet, m'ont contraint à y introduire des notes justificatives, ce qui est contraire, je le sais, aux habitudes pédagogiques. Mais, du moins, l'exactitude des allégations historiques qu'il contient ne pourra plus être mise en doute.

Paris, 15 mars 1883.

EXTRAITS

Programme officiel du 27 juillet 1882

(COURS MOYEN ET SUPÉRIEUR)

INSTRUCTION CIVIQUE

Notions générales sur l'organisation politique, administrative et judiciaire de la France :

Le citoyen, ses obligations et ses droits; l'obligation scolaire, le service militaire, l'impôt, le suffrage universel;

La commune, le maire et le conseil municipal;

Le département, le préfet et le conseil général;

L'État, la justice civile et pénale;

La Constitution, le président de la République, le Sénat, la Chambre des députés, la loi; — les diverses autorités; — l'enseignement, ses divers degrés, — la force publique, l'armée.

MORALE

L'Instruction morale à l'école, par M. A. Burdeau ✻, professeur agrégé de philosophie au lycée Louis-le-Grand. 1 vol. illustré (paraîtra en avril 1883).

Entretiens, lectures avec explications, exercices pratiques. — Coordonner des leçons et des lectures de manière à n'omettre aucun point important du programme ci-dessous :

I. L'enfant dans la famille. — Devoirs envers les parents et les grands parents. — Devoirs des frères et sœurs. — Devoirs envers les serviteurs. — L'enfant dans l'école. — La patrie.

II. Devoirs envers soi-même. — L'âme. — Devoirs envers les autres hommes.

III. Devoirs envers Dieu.

DROIT USUEL, ÉCONOMIE POLITIQUE

Le Droit usuel et l'Économie politique à l'école, par MM. Henri Reverdy, ancien notaire, ancien juge de paix, et A. Burdeau. 1 beau vol. in-18 jésus, gravures, cart 1 35

Notions très élémentaire de droit pratique :

L'état civil, la protection des mineurs; — la propriété, les successions; — les contrats les plus usuels : vente, louage, etc.

Entretiens préparatoires à l'intelligence des notions les plus élémentaires d'économie politique : l'homme et ses besoins; la société et ses avantages; les matières premières : le capital, le travail et l'association. La production et l'échange, l'épargne; les sociétés de prévoyance, de secours mutuels, de retraite.

HISTOIRE

Voir le *Cours complet d'histoire* par M. Edgar Zevort *(Même librairie)*.

1.

NOTE DES ÉDITEURS

Chaque chapitre de ce livre est composé de deux parties : des *Leçons* et un *Résumé*.

Chaque leçon devra être *lue* à plusieurs reprises, et non pas apprise par cœur. Mais à chaque leçon correspondent quelques paragraphes du résumé : l'élève les *récitera*, et gravera ainsi dans sa mémoire les notions essentielles.

La marche la plus simple comme la plus généralement adoptée est donc la suivante : faire lire une leçon en classe ; donner à copier et apprendre la partie du résumé qui y répond, — à la classe suivante, on fait réciter cette partie du résumé · à cet effet, le maître utilise le questionnaire qui suit le résumé pas à pas, pour aider la mémoire de l'enfant.

Des devoirs de rédaction, placés à la fin du chapitre, permettront d'exercer le raisonnement et le style de l'élève sur les matières récemment apprises.

La leçon, on le remarquera, est un *dialogue* entre le maître et les élèves. Il offre ainsi une image vivante de ce que doit être la classe, selon la pédagogie moderne : faire parler l'élève, provoquer ses questions, lui faire découvrir les réponses par ses propres raisonnements, telle est en effet la tâche la plus difficile et la plus belle de l'instituteur. Il trouvera dans ce livre un modèle et un guide à cet égard.

Les mots marqués d'un astérisque (*) sont expliqués dans le Lexique *placé à la fin du volume, page* 175.

A la page 172, *on trouvera le texte de la* Déclaration des droits de l'homme et du citoyen, *votée par l'Assemblée nationale en* 1789.

Picard-Bernheim et Cⁱᵉ.

Les conscrits.

CHAPITRE PREMIER

LE SERVICE MILITAIRE. — LA PATRIE

PREMIÈRE LEÇON

TOUT LE MONDE DOIT LE SERVICE MILITAIRE.

— Mes enfants, Monsieur l'Inspecteur m'a écrit de vous donner congé demain. Les **grandes manœuvres*** ont lieu, et le village sera occupé par le 82ᵐᵉ régiment de ligne, un escadron du 3ᵐᵉ hussards et une demi-batterie* du 5ᵐᵉ d'artillerie. Il faudra que nous soyons tous là pour saluer le **drapeau français**; et puis, il y a parmi ces jeunes soldats des enfants de ce pays, et vous serez bien contents d'embrasser vos frères et vos cousins. Jacques surtout, tenez, qui va voir demain son grand frère et le mari de sa sœur, si je ne me trompe?

— Oh! oui, monsieur. Le mari de ma sœur fait seulement ses **vingt-huit jours**, mais mon frère Henri est parti il y a déjà deux ans, comme soldat, et nous ne l'avons pas revu depuis. Et la dame du château aussi va être bien contente. Son garçon est dans le régiment d'Henri, et même Henri est son **caporal**; elle vient souvent donner des nouvelles à maman, et elles pleurent toutes les deux.

Contraste insuffisant

NF Z 43-120-14

Mais, monsieur, qu'est-ce que voulait donc dire Pierre, le cocher de la dame?

— Et qu'est-ce que disait Pierre?

— Il disait que ce n'est pas juste qu'un jeune homme instruit et riche comme son jeune maître soit soldat, et que, dans le temps, on lui aurait acheté un **remplaçant**. Qu'est-ce que c'était que cela, un remplaçant?

Les grandes manœuvres.

— Mon enfant, c'était un homme que l'on payait, et qui servait dans l'armée à la place du jeune conscrit assez riche pour l'acheter. Et alors il n'y avait que les pauvres qui étaient soldats, et ils l'étaient deux fois : pour leur compte d'abord, et pour le compte des riches qu'ils remplaçaient au régiment, pendant la paix comme pendant la guerre.

— Mais, monsieur, c'est ça qui n'était pas juste, et Pierre avait bien tort !

— En effet, et c'est pourquoi la **République** a changé tout cela; le remplacement militaire, ce trafic* honteux de la personne humaine, a duré, plus ou moins déguisé, jusqu'en 1872, il n'y a pas longtemps, comme vous voyez. Alors, l'**Assemblée nationale** * a décidé que *tous les jeunes citoyens, à l'âge de 20 ans, devraient servir la patrie sous les drapeaux pendant cinq années, et que tout le monde pourrait être appelé, en cas de guerre, jusqu'à l'âge de 40 ans. Il n'y a d'exception que pour les infirmes.*

— *Et pour les instituteurs et les curés,* n'est-ce pas, monsieur?

— Oui, mon enfant. Mais j'espère bien que cela va cesser, *pour les instituteurs du moins,* car je n'ai point à parler des curés. Cela est humiliant pour nous, et nous avons demandé presque tous à ne plus avoir d'exemption.

DEUXIÈME LEÇON

EXCEPTIONS AU SERVICE DE CINQ ANS.

— Vous voulez dire quelque chose, Louis?
Parlez, mon enfant.

— Mais, monsieur, tous les jeunes gens ne servent pas cinq ans. Mon cousin Mathieu est revenu au bout d'**un an** de l'armée, et, dans ce moment-ci, il fait ses **28 jours.**

— C'est que cela coûte très cher de garder tant de soldats sous les drapeaux. Chaque soldat coûte près de mille francs par an ; et, pendant qu'il est à la caserne, il ne fait rien dans les champs, ni à l'atelier, et c'est autant de travail perdu.

Aussi, la **loi** a décidé qu'une partie seulement des jeunes gens de 20 ans seraient soldats cinq ans ; les autres ne le sont qu'un an ou deux. Mais c'est le **tirage au sort** qui décide, de manière qu'il n'y a pas de passe-droit.* Mathieu a tiré un **numéro** qui lui a permis de n'être soldat que pendant un an. Mais il n'en est pas quitte ; car si la guerre arrive, tout le monde part, et il n'y a plus de différence entre ce qu'on appelle la **première** et la **seconde portion** du **contingent**.

Êtes-vous satisfait, ami Louis?

— Oui, monsieur, pour Mathieu. Mais il y a le fils de Monsieur le Maire qui est parti à 19 ans, avant de tirer au sort, et qui est revenu au bout d'un an aussi : ce n'est pas à cause de son numéro.

— C'est qu'il était **volontaire d'un an**. Et, pour

Le tirage au sort.

avoir cet avantage, il avait passé des **examens;** c'est un jeune homme instruit.

Travaillez à l'école, et vous arriverez comme lui.

— Peut-être, monsieur; car papa disait comme cela que s'il n'avait pas eu 1,500 francs à donner, il aurait servi cinq ans tout comme Henri, si instruit qu'il soit.

— Cela n'est pas tout à fait exact, mon enfant, car on fait quelquefois remise des 1,500 francs aux jeunes gens les plus instruits, quand ils ne sont pas riches. Mais, enfin, il y a du vrai dans ce que disait votre père; il faut non seulement passer un examen, mais verser 1,500 francs. Je ne vous dis pas que ce soit une très bonne chose. Mais, d'abord, cela ne durera pas toujours. Ensuite, voyez quels progrès sur le temps des remplaçants. Là, il n'y avait pas d'examens à passer. Quand on avait deux ou trois mille francs dans sa poche, car c'est ce que coûtait la marchandise humaine, on en envoyait un autre risquer de se faire tuer à sa place. Aujourd'hui, tous vont défendre le pays. Car, en temps de guerre, le volontaire d'un an lui-même retourne auprès de ses camarades, et rentre dans le rang à côté de ceux de son âge.

TROISIÈME LEÇON

UTILITÉ DU SERVICE MILITAIRE. — ÉGALITÉ DANS L'ARMÉE.

— Et c'est le principal; car, si l'on vous demande d'être soldats, ce n'est pas pour le plaisir de vous mettre un

L'exercice à l'école (d'après le tableau d'Ed. Frère).

pantalon rouge, de vous apprendre « portez armes », et de vous nourrir à ne rien faire. Non, *c'est pour qu'en cas de guerre, quand l'ennemi est aux frontières, quand la*

patrie est menacée, *tous les citoyens soient prêts à la défendre,* sachent manier le fusil ou le canon, ou monter à cheval. Et tout cela est long à apprendre. On disait dans le temps qu'il fallait 7 ans pour préparer un soldat. On s'est rabattu à 5 ans; il y en a même qui disent qu'il suffit de 3 ans; moi je suis sûr que cela serait assez pour vous, mes enfants, parce que vous savez déjà faire l'exercice et manier les petits fusils que le **conseil municipal** vous a donnés. Mais, enfin, 3 ans, c'est encore long, et il faut s'y prendre d'avance ; c'est pour cela qu'on appelle tous les jeunes gens pour en faire des soldats.

Et s'il y a égalité pour entrer dans l'armée, il y a aussi **égalité dans l'armée** elle-même. Vous serez tous soldats à votre tour, et si l'envie vous prend de rester au régiment après votre temps fait, vous pourrez devenir officiers, colonels, généraux même, si vous êtes assez instruits, assez honnêtes et assez braves. On dit, et on a raison, que *tout soldat a son bâton de maréchal* * dans sa giberne* * :* il ne s'agit que d'être capable de l'y prendre.

— Mais, monsieur,...

— Quoi, Jacques?

— Monsieur, Henri m'a écrit que son lieutenant n'a jamais été soldat. Comment cela se fait-il? Il sort de **Saint-Cyr,** dit Henri, et a été tout de suite officier. Ce n'est pas là l'égalité, tout de même.

— Si, mon enfant, car *il y a toujours véritable égalité quand chacun est traité suivant ses mérites.* Or ce jeune homme avait subi des examens très difficiles pour entrer à l'école de Saint-Cyr : il y avait appris les sciences militaires et en savait long dans le difficile métier des armes. Il était donc juste de le charger de commander à des blancs-becs * qui ne sauraient comment se conduire, et même à de vieux sous-officiers qui n'ont pas assez d'instruction. De plus, l'élève de Saint-Cyr est un vrai soldat engagé pour cinq ans, et, s'il fait une faute, il est renvoyé comme simple soldat dans un régiment.

QUATRIÈME LEÇON

ARMÉE ACTIVE, RÉSERVE, ARMÉE TERRITORIALE. — DROITS
DE LA PATRIE MENACÉE.

—Mais, je vois que vous me questionnez toujours ; j'aime mieux vous dire tout de suite, tout d'un trait, comment est organisé maintenant le **service militaire**. C'est une chose que vous devez savoir, puisque vous y passerez tous.

Tout citoyen français fait d'abord partie, **de 20 à 25 ans**, *de ce qu'on appelle* **l'armée active.** C'est cette armée qui, la première, devra faire face à l'ennemi en temps de guerre. En temps de paix, une partie de ces conscrits rentrent dans leurs foyers au bout d'un an, comme **volontaires,** ou comme faisant partie de la **deuxième portion** du contingent.

LA DÉFENSE NATIONALE (1870-1871).

Dorian, ministre des travaux publics, a créé tout un matériel de guerre dans Paris.

Gambetta, ministre de l'intérieur et de la guerre, a organisé les armées en province.

De 25 à 29 ans, on passe dans la **réserve de l'armée active;** *de 29 à 34 ans, dans* **l'armée territoriale;** *de 34 à 40 ans, dans la* **réserve de l'armée territoriale.** Après cet âge, on est dispensé de tout service militaire, mais cela ne doit pas empêcher, en cas de guerre, quand l'ennemi foule le sol de la

Patrie, tous ceux qui se sentent bon pied, bon œil et surtout bon cœur, et qui ne sont pas absolument indispensables chez eux, de reprendre le fusil et de rentrer dans le rang. On a vu, dans la terrible guerre déclarée à la Prusse par Napoléon III, en 1870, de vieux officiers retraités *, et quelquefois infirmes, venir offrir leurs services au gouvernement qui s'appelait du beau nom de la **Défense nationale.**

Vous avez tous entendu parler de ce terrible temps, où Paris était entouré par les Prussiens et séparé du reste de la France. Le gouvernement s'était, lui aussi, divisé en deux pour organiser la défense. Si l'on n'a pu avoir la victoire, s'il a fallu laisser *jusqu'à nouvel ordre* entre les mains de l'ennemi, les Français d'Alsace et de Lorraine, du moins *on a sauvé l'honneur et c'est le principal.*

Les enrôlements volontaires sous la Convention.

Et si l'on ne peut pas servir le fusil au poing, il faut au moins venir en aide aux combattants par tous les moyens possibles. Écoutez comment la **Convention nationale** *, la grande et terrible Assemblée de 1792-1795, parlait, en appelant le peuple aux armes pour sauver la Patrie menacée : « *Tous les âges sont appelés par la Patrie à défendre la liberté; les jeunes gens combattront, les hommes mariés forgeront des armes, les femmes feront les habits et les tentes des soldats, les enfants mettront le vieux linge en charpie, et les vieillards se feront porter sur les places publiques pour enflammer tous les courages.* »

CINQUIÈME LEÇON

ORGANISATION DE L'ARMÉE.

— Mais, revenons à notre organisation militaire. Naturellement, plus le soldat avance en âge, moins on ré-

Soldats escortant des prisonniers.

clame de lui. Tandis que les soldats de l'**armée active** et de la **réserve** iront aux frontières, feront de longues marches, endureront mille fatigues et courront les dangers du feu, ceux de l'**armée territoriale** garderont les places fortes, escorteront les convois* de munitions, de vivres ; ceux de la **réserve territoriale** veilleront à la tranquillité publique, garderont les prisonniers et rendront des services pour lesquels il n'est pas nécessaire d'être leste et fort comme à vingt-cinq ans.

Voiture d'ambulance pour transporter les blessés.

Ainsi tout le monde sera debout, aussitôt que la Patrie aura besoin de ses enfants. Et ceux-ci sauront la défendre, d'abord parce qu'ils l'auront appris pendant leur temps de **service actif**, ensuite parce qu'on les aura réunis : **28 jours** par an pour ceux de la **réserve**, et **13 jours** pour ceux de la

Médecin militaire.

territoriale, afin qu'ils ne désapprennent pas le métier de soldat.

Voilà l'organisation de notre recrutement* militaire. Voulez-vous que je vous dise rapidement, maintenant, comment est divisée l'armée elle-même, et comment on appelle les officiers des divers rangs ? Oui, je vois que cela vous intéresse, et vous avez raison, car sans armée il

Soldat d'infanterie.

n'y a pour un pays aucune sécurité; il peut être à chaque instant envahi par des voisins ambitieux. Mais, bien entendu, je vais vous dire cela en gros.

On distingue, dans l'armée, les **combattants** et les **services administratifs.**

Ces derniers sont indispensables aux premiers; il faut des **médecins** pour soigner les malades et les blessés; il faut des **intendants** pour fournir à la troupe des vivres et des vêtements.

Soldat de cavalerie.

Quant aux combattants, il y en a de quatre sortes, ou, comme on dit, de quatre **armes** : il y a l'**infanterie**, la **cavalerie**, l'**artillerie** et le **génie.**

Ces armes sont composées chacune d'un certain nombre de **régiments**, que commande un **colonel. Un général de brigade** commande deux régiments; un **général de division,** deux brigades...

Soldat d'artillerie.

Les divisions sont réunies en **corps d'armée,** qui sont au nombre de **19.**

Autrefois, quand un général de division avait commandé en chef devant l'ennemi et qu'il s'y était distingué, on pouvait le nommer **maréchal de France.**

Les régiments d'infanterie sont divisés en **bataillons,** commandés par un **chef de bataillon.** Les bataillons sont divisés en **compagnies** commandées par un **capitaine,** qui a sous ses ordres des **lieutenants,** des **sous-lieutenants,** des **sous-officiers** et des **caporaux.**

SIXIÈME LEÇON

ORGANISATION DE L'ARMÉE *(suite)*.
LA DISCIPLINE.

— L'organisation de la cavalerie est à peu près la même : seulement les bataillons s'y nomment **escadrons.** Pour l'artillerie et le génie, il y a encore d'autres différences, sans parler des bataillons de **chasseurs à pied,** de la **légion étrangère*,** etc. Mais tout cela est relativement peu important.

On ne sert pas le pays, comme militaire, sur terre seulement ; on le sert également sur mer, comme **marin.** Les marins, qui courent des dangers même en paix, sur leurs navires battus par les tempêtes, ont la vie bien plus dure que les soldats **de terre.** Et, cependant, la loi militaire est encore plus sévère pour eux, puisqu'*ils doivent être prêts à servir en temps de guerre* **de 18 à 50 ans.** C'est qu'un marin est bien plus long et plus difficile à former qu'un soldat.

Les officiers de marine sont désignés sous les titres d'**amiral,** qui correspond à maréchal de France, de **vice-amiral,** équivalant à général de division, de **contre-amiral,** équivalant à général de brigade, de **capitaine de vaisseau , capitaine de frégate, lieutenant de vaisseau, enseigne de vaisseau, aspirant.**

Officier de marine.

Telle est la hiérarchie* militaire ; et chacun de ceux qui la composent obéit scrupuleusement et immédiatement à celui qui est placé au-dessus de lui. C'est ce qu'on appelle la **discipline,** qui est très sévère dans l'armée. Et cela avec raison; car, sans elle, comment faire marcher des milliers d'hommes, surtout au milieu des fatigues et des dangers? Prenez donc de bonne heure, mes enfants, ici et dans votre famille, *l'habitude d'obéir à la règle, à la discipline,* ou sans cela vous vous préparerez de mauvais moments pour le temps où vous serez soldats.

Soldat de marine.

Mais si les chefs doivent toujours être obéis, il ne faudrait pas croire qu'ils sont libres de tout commander à tort et à travers. Non, il faut qu'eux aussi ils obéissent aux **règlements**, à la **loi.**

Bien mieux, il faut qu'ils donnent le bon exemple à leurs inférieurs, qu'ils soient justes, et ne les punissent que quand la punition est méritée. Et, quand on est sur le champ de bataille, il faut qu'ils montrent le plus de courage et de sang-froid* au milieu des balles et des obus*. On disait dans le temps : *Noblesse oblige.* Il faut dire : **Commandement oblige.** Plus on est haut placé, plus on doit prêcher d'exemple.

SEPTIÈME LEÇON

PAR QUI EST DÉCIDÉE LA GUERRE.

— Et, maintenant, quelqu'un a-t-il des questions à me poser?

— Monsieur, vous dites souvent: en cas de **guerre,** en temps de **guerre.** Je sais bien ce que c'est qu'une guerre, nous en avons tant vu en apprenant l'histoire! il n'y a que cela. Mais je voudrais savoir qui est-ce qui décide qu'il va y avoir la guerre, et pourquoi on fait la guerre ?

Limites de la France à l'avènement de Napoléon Ier.

— Aujourd' hui, dans notre France républicaine, *la guerre ne peut être décidée que par* **le vote de la Chambre des députés et du Sénat** ; et ces Assemblées sont composées de gens sages, élus par le peuple, qui n'ont aucun intérêt à faire tuer des soldats : ils sont pour la plupart propriétaires ou chefs d'industries, redoutant lès invasions et le pillage*, et souvent pères de famille, peu désireux d'envoyer leurs fils au combat sans de graves motifs.

Il n'y a donc pas à craindre dans ces conditions de voir, comme on l'a vu trop souvent en ce pays, la guerre déclarée par ambition, sottise ou simple caprice.

Limites de la France à la chute de Napoléon Ier.

Napoléon Ier faisait la guerre pour le plaisir de la faire, parce qu'il était habile général et aimait à battre ses rivaux, et pour la gloriole de régner sur des peuples conquis. Il a ainsi fait périr plus **d'un million d'hommes,** et, finalement, il a laissé la France moins étendue et moins riche qu'il ne l'avait trouvée en arrivant au pouvoir. **Napoléon III** a déclaré, sans rime ni raison, la guerre aux Russes, aux Autrichiens, aux Mexicains, aux Prussiens, et, finalement, il nous a fait enlever l'**Alsace** et la

Limites de la France après le règne de Napoléon III.

Lorraine*, sans parler des **milliards** à payer. Voilà ce que nous ont valu les empereurs ; car bien sûr que le peuple n'aurait pas eu l'idée, sans être attaqué, d'envoyer ses enfants se faire tuer par milliers.

Avec la République, il ne peut plus arriver rien de semblable.

HUITIÈME LEÇON

PEUT-IL Y AVOIR ENCORE DES GUERRES ?

— Mais alors, monsieur, si tous les peuples étaient en république, il n'y aurait plus de guerres possibles ?

— Je ne dis pas cela, mon enfant. Il est certain que l'ambition et la vanité des rois, que travaille trop souvent le désir de briller, d'être appelés victorieux, de conquérir des trônes* pour eux et leurs fils, sont les grandes causes des guerres. Ils croient avoir le droit de se partager les peuples à coups de sabre ou de se les léguer par héritage, comme du bétail, les uns aux autres.

Mais les peuples eux-mêmes ne sont pas toujours raisonnables. Ils ne devraient penser qu'à s'entr'aider et à s'aimer, et cependant ils se détestent trop souvent, sous prétexte qu'ils ne parlent pas la même **langue** et ne sont pas de la même **race***.

Aussi, ce n'est pas de longtemps que les guerres finiront; nous en verrons encore, et aussi ceux qui viendront après nous. Il faut donc que nous restions armés. Souhaitons seulement d'être assez sages pour ne jamais

Les férocités de la guerre.

déclarer de guerre sans avoir absolument pour nous le bon droit. Mais, si l'on nous cherche noise*, si l'on nous insulte, si l'on veut nous prendre quelque province, alors il faudrait ne pas avoir de cœur pour ne pas empoigner son fusil et courir sus à l'ennemi. **Un peuple libre doit être juste et brave.**

Que voulez-vous dire, Simon?

— Monsieur, quand une armée fait la conquête d'un pays, est-ce qu'elle pille et tue tout?

— Cela se faisait ainsi jadis, et la conquête était une

véritable dévastation. · Mais, aujourd'hui, il n'en est plus
tout à fait de même.

D'abord il est de règle qu'*on ne doit pas faire de mal
aux populations qui ne se défendent pas*. Malgré cela, il
y a bien, au moment de l'invasion*, des violences et des
pillages ; mais cela cesse après la conquête. Quand les
Prussiens nous ont pris **l'Alsace-Lorraine**, en 1871,
ils y ont commis d'abord toutes sortes d'abomina-
tions ; et maintenant elle est traitée par eux à peu près
comme une province allemande, seulement avec un peu
plus de dureté, parce qu'ils se savent détestés des gens
du pays.

— Ainsi, si les Prussiens venaient en ce pays-ci, et qu'on
ne se défendît pas, ils ne nous feraient pas de mal?

— Non, probablement ; mais ils nous feraient Prussiens... Eh bien ! mais, qu'y a-t-il là-bas? Henri, Jules,
Jacques, pourquoi battez-vous Simon ? Voulez-vous
bien laisser cet enfant ? Que vous a-t-il fait?

NEUVIÈME LEÇON

ON DOIT AIMER SA PATRIE.

— Monsieur, vous ne l'avez pas entendu? Il a dit
comme ça : « Puisque les Prussiens ne nous feraient pas
de mal, ce n'est, ma foi, pas la peine de risquer sa peau
pour le plaisir de rester Français. »

— Ah! c'est fort mal, cela! C'est la plus mauvaise parole que puisse dire un homme, comme *le plus grand
crime qu'il puisse commettre est de trahir sa patrie* !

Or, ce qu'a dit Simon, c'est une parole de **trahison**.
Mais c'est un enfant et il n'y voit pas si loin : vous avez
eu tort de le battre. Il vaut mieux le raisonner*. Voyons,
mon enfant, venez ici.

Est-ce que vous n'aimez pas votre mère?

— Oh ! si, monsieur!

— Et votre grand'mère, qui vit encore?

— Si, monsieur, comme maman.

— Et la mère et la grand'mère de votre grand'mère, si elles étaient encore de ce monde, est-ce que vous ne les aimeriez pas? Si, n'est-ce pas? Et pourquoi cela? Ce n'est pas seulement parce qu'elles vous auraient nourri, soigné et caressé; mais aussi parce que, sans elles, vous n'existeriez pas, puisque votre mère et votre grand'mère n'auraient pas vécu. Toutes ces femmes, et au même degré tous ces hommes dont vous descendez, c'est votre famille, et vous l'aimez et êtes prêt à la défendre comme vous-même. Et il ne ferait pas bon de vous dire: Nous allons t'emmener, te faire changer de mère, te mettre dans une autre famille, et tu oublieras tous ces gens-là.

Eh bien, Simon, *la* **Patrie**, *c'est la grande famille dont nous faisons tous partie.* Elle existe dans le présent, elle a existé dans le passé. C'est ton arrière-grand-père, mort depuis bien longtemps, qui a planté le bois qui appartient aujourd'hui à ton père; c'est celui-ci qui a bâti la maison que tu légueras*, toi, à tes petits-enfants qui ne t'auront pas connu. De même, *ce sont les Français d'autrefois qui ont préparé la France d'aujourd'hui.* Tout ce dont tu jouis a été fait ou commencé par eux. Ils ont défriché le pays, engraissé le sol, assaini les marais, construit les routes, bâti les villages et les villes. Tu leur dois pour cela autant de reconnaissance que pour le bois et la maison de ta famille.

DIXIÈME LEÇON

SOYONS FIERS DE NOS GRANDS HOMMES. — LA PATRIE EST LA GRANDE FAMILLE.

Mais ce n'est pas tout, ce n'est pas le principal. Nous avons ensemble étudié déjà un peu d'histoire de France et je vous ai montré tout ce que nos pères avaient souffert pour nous procurer le bien-être et la liberté dont nous jouissons. Ils ont vaincu les tyrannies, repoussé les invasions, traversé les guerres, les massacres, les pestes*, souffert de grandes misères, où les hommes périssaient ou s'entretuaient, où le pain d'herbe était du luxe, et c'est avec tout cela, oui, *c'est avec leurs larmes, avec leur sang qu'ils ont édifié et cimenté la* **Patrie.**

Ce n'est pas tout encore. Tu es fier, et tu as raison, de la **croix d'honneur*** méritée par ton grand-père sur le champ de bataille de Champaubert*, en défendant la France, et elle est pendue à votre cheminée. Thomas, que voilà, est fier aussi, et il a raison, de ce que son frère aîné vient d'avoir un prix d'honneur au lycée. Eh bien! de même, vous devez être tous fiers de tous les hommes de génie, de tous les hommes de bien qui ont illustré la grande famille française, c'est-à-dire la **Patrie,** de tous les héros qui sont morts pour elle.

Retiens bien ceci, ami Simon : **quiconque insulte ta Patrie, insulte ta mère.** Et si l'on insultait ta mère, tu serais comme un petit lion, je te connais bien. *Quiconque te prend un concitoyen par la force des armes te vole un frère,* et ton devoir est de tout préparer pour sa délivrance, si tu n'es pas assez fort pour le défendre. Il y a plus : de même que ta famille tout entière te doit être plus chère qu'un seul de ses membres, de même *tu dois chérir ta* **Patrie,** *qui est ta grande famille, plus que ta famille elle-même.* Et la loi militaire a raison de t'enlever à ta mère pour te donner à ta Patrie. Ta mère pleure, et nul ne pourrait l'en blâmer; mais elle doit reconnaître que le sacrifice est juste.

On dit quelquefois : un tel est Bourguignon, un tel est Breton, un tel Alsacien, un tel Gascon, etc. Cela n'est pas mal. Mais il faut surtout dire qu'ils sont tous **Français.** Ces populations ont toutes mis du leur pour constituer la **grande nation**; aujourd'hui, elles y sont confondues. Aussi, *quiconque attaque l'une, attaque la France tout entière.* Si l'ennemi envahit la Provence, les gens de Bretagne ou de Flandre ne diront pas : Cela

2.

est trop loin, cela ne nous regarde pas. C'est comme si,
quand quelque chose te blesse le pied, ta main disait : Cela
est trop loin, cela ne me regarde pas. Non ; ils sentiront
l'injure, et ils se lèveront pour défendre leurs frères,
comme ta main pour protéger ton pied blessé.

ONZIÈME LEÇON

C'EST UN HONNEUR DE SERVIR SON PAYS.
LE DRAPEAU TRICOLORE EST LE SYMBOLE DE·LA PATRIE.
LA FÊTE DU 14 JUILLET 1880.

Oui, tout le monde doit servir le pays. Et *ce n'est pas
seulement un devoir*, **c'est un honneur d'être**

Il faut saluer le drapeau quand il passe.

soldat. Aussi ne peuvent entrer dans l'armée, et sont
déclarés indignes, ceux que les tribunaux ont condamnés
pour des actes infamants*.

Allons, allons, Simon, je vois que vous avez honte de
ce que vous disiez tout à l'heure. Quand vous serez

grand, si vous êtes appelé à défendre votre mère ou à dé-
livrer votre frère, souvenez-vous de cette mauvaise
parole et rachetez-la à force de courage.

Et maintenant, mes enfants, assez de choses sérieuses
pour aujourd'hui. Demain, quand le **drapeau trico-
lore*** passera devant vous, n'oubliez pas d'ôter votre cas-
quette, et de saluer avec respect le **symbole* de la
Patrie.**

Vous voulez encore demander quelque chose, Louis?

— Monsieur, est-ce que c'est le colonel qui porte le
drapeau?

— Non, mon enfant, il serait trop gêné pour commander. On donne la garde du drapeau à un sous-
lieutenant, un brave choisi avec soin, et qui saura

La garde du drapeau.

défendre le trésor qu'on lui aura confié. A côté de
lui marchent plusieurs vieux soldats qui forment la
garde du drapeau. Dans la bataille, ils doivent s'occuper non d'eux-mêmes, mais de lui, et conserver tout
leur sang-froid*, car *un régiment est déshonoré par la*

perte de son drapeau, à moins de s'être fait absolument écraser. S'enfuir et laisser là le drapeau est, après déserter, la plus lâche action que puisse commettre un soldat : aussi les vieux braves se font tuer pour le défendre.

Le plus grand criminel de ce siècle, **Bazaine** *le traître*, a livré à l'ennemi Metz, son armée et ses dra-

La distribution des drapeaux, le 14 juillet 1880.

peaux, qui avaient tant vu de combats, et pour la défense desquels tant de sang français avait coulé. Du moins, à **Sedan**, quand il a fallu se rendre, chaque colonel a brûlé son drapeau. Strasbourg pris, le lieutenant **Valès** a emporté son drapeau autour de son corps, et l'a gardé, sans que les Prussiens s'en soient doutés, pendant toute sa captivité.

Le **14 juillet 1880**, dans la première **fête nationale** que la France ait eue depuis la guerre fatale, M. **Jules Grévy**, Président de la République, accompagné de M. **Léon Say**, Président du Sénat et de M. **Léon Gambetta**, Président de la Chambre des députés, a remis à tous les régiments de l'armée des drapeaux nouveaux, sur lesquels sont inscrits les mots : **HONNEUR ET PATRIE.** C'est un de ces drapeaux neufs que nous saluerons demain. Souhaitons-lui de glorieuses destinées.

RÉSUMÉ.

1. Tous les Français doivent le service militaire, de 20 à 40 ans.
2. Le remplacement par un homme acheté n'existe plus dans l'armée française.
3. De 20 à 29 ans, tout Français fait partie de l'armée active ; de 29 à 40 ans, il fait partie de l'armée territoriale.
4. Ceux que le tirage au sort a classés dans la deuxième portion du contingent, et ceux qui ont passé les examens du volontariat d'un an, ne restent en temps de paix qu'une année sous les drapeaux ; en temps de guerre, ils rejoignent les jeunes gens de leur âge.
5. Pour qu'ils n'oublient pas ce qu'ils ont appris au régiment, les soldats sont rappelés chaque année sous les drapeaux, 28 jours pendant leur temps de réserve de l'armée active, et 13 jours quand ils sont dans la territoriale.
6. Tout soldat peut, avec de l'instruction, de la conduite et du courage, arriver aux grades les plus élevés de l'armée : « il a son bâton de maréchal dans sa giberne. »
7. Les grades sont, en commençant par en haut : le maréchal de France, le général de division, le général de brigade, le colonel qui commande un régiment, le chef de bataillon ou d'escadron, le capitaine qui commande une compagnie, le lieutenant, le sous-lieutenant, les sous-officiers.

8. Dans l'armée de mer, les titres sont : amiral, vice-amiral, contre-amiral, capitaine de vaisseau, capitaine de frégate, lieutenant de vaisseau, enseigne, aspirant.

9. Il y a en outre les services administratifs, les médecins, les intendants.

10. L'obéissance absolue à l'ordre du supérieur est la règle de l'armée ; sans discipline point d'armée. Il faut donc s'habituer dès l'école à obéir à la règle.

Si l'inférieur doit obéissance à son supérieur, le supérieur doit la justice et le bon exemple à son inférieur.

11. La guerre, dans la France républicaine, ne peut être déclarée que par un vote de la Chambre des députés et du Sénat.

12. Nous ne ferons donc plus de guerre de conquête, de vanité ou de caprice, comme en ont fait Napoléon Ier et Napoléon III.

13. Nous devons être tous prêts à défendre contre nos ennemis notre bien, c'est-à-dire notre sol et nos concitoyens.

14. On doit à sa Patrie le sacrifice de sa vie comme on le doit à sa famille ; on doit la défendre, si elle est insultée, comme on défendrait sa mère.

15. Nous sommes tous les enfants de la Patrie, unis par le sang et par l'affection commune de ceux qui ont tant souffert jadis pour nous donner le bien-être, la liberté, la gloire.

16. On doit se découvrir et saluer quand passe le drapeau tricolore.

17. Il n'y a plus de Provençaux, de Bretons, d'Alsa-

ciens, de Bourguignons ; il n'y a que des Français.

18. C'est non seulement un devoir mais un honneur de servir son pays. Ceux qui ont été condamnés pour des actes infamants sont écartés comme indignes de l'armée.

19. Le drapeau est tenu par un sous-lieutenant porte-drapeau, et escorté par une garde.

20. Les soldats doivent se faire tuer plutôt que d'abandonner le drapeau.

Trahir, déserter, livrer le drapeau, sont les plus abominables crimes pour le soldat.

21. Le Président de la République a, le 14 juillet 1880, donné de nouveaux drapeaux à tous les régiments de l'armée française.

Sur ces drapeaux il est écrit : Honneur et Patrie.

EXERCICES ORAUX OU ÉCRITS.

1. Tous les Français doivent-ils le service militaire ?

2. Le remplacement, par un homme acheté, existe-t-il encore dans l'armée française ?

3. De quoi tout Français fait-il partie de 20 à 29 ans ? Et de 29 à 40 ans ?

4. Combien de temps, ceux que le tirage au sort a classés dans la deuxième portion du contingent, et ceux qui ont passé les examens du volontariat d'un an, restent-ils en temps de paix sous les drapeaux, et que deviennent-ils en temps de guerre ?

5. Que fait-on pour que les soldats de la réserve, de l'armée active et de la territoriale n'oublient pas ce qu'ils ont appris ?

6. Tout soldat peut-il arriver aux grades les plus élevés de l'armée ?

7. Citez les grades de l'armée en commençant par en haut ou en commençant par en bas ?

8. Quels sont les titres dans l'armée de mer ?

9. Quels sont dans l'armée les non-combattants ?

10. Quels sont les devoirs du soldat vis-à-vis de son supérieur ?
— Quels sont ceux du supérieur vis-à-vis de l'inférieur ?

11. Par qui peut être déclarée la guerre dans la France républicaine ?

12. Quels étaient les motifs qui poussaient Napoléon Ier et Napoléon III à faire leurs guerres? Ferons-nous encore des guerres de ce genre-là?

13. Quels sont nos devoirs à tous lorsque survient une guerre ?

14. Qui devons-nous défendre comme notre mère?

15. De qui sommes-nous tous les enfants?

16. Que doit-on faire quand passe le drapeau tricolore?

17. Y a-t-il encore des Provençaux, des Bretons, etc.?

18. Doit-on considérer comme un simple devoir de servir son pays, et tout le monde est-il digne de le servir ?

19. Par qui est tenu le drapeau et par qui est-il escorté ?

20. Quels sont les devoirs des soldats vis-à-vis de leur drapeau? — Est-ce un grand crime de trahir, de déserter ou de livrer le drapeau ?

21. Qu'a fait le Président de la République le 14 juillet 1880 ? — Qu'y a-t-il d'écrit sur les drapeaux?

Devoirs de rédaction.

1. Exposez comment vous comprenez la discipline : dans l'école, dans l'armée, dans la vie civile. — Montrez comment, sans discipline, il ne peut y avoir d'ordre, d'union, de force.

2. Quelle idée vous faites-vous de la Patrie? — Montrez que la devise : *République française, une et indivisible,* est bien la véritable devise de la France, notre patrie.

3. Faites voir, par quelques faits d'histoire, comment s'est faite peu à peu l'unité de la Patrie française.

4. Dans quel cas un pays doit-il prendre les armes? — Faites voir comment les guerres sont funestes au genre humain. — Faites ressortir l'avantage qu'offre la République sur la monarchie pour éviter les guerres injustes.

Le père Grosjean annonce l'arrivée du percepteur.

CHAPITRE DEUXIÈME

L'IMPOT

PREMIÈRE LEÇON

L'IMPÔT EST NÉCESSAIRE POUR ENTRETENIR L'ARMÉE.

— Allons, allons, le père Grosjean a fini de battre le tambour; remettons-nous en place.

Vous voulez écouter ce qu'il crie? Je puis vous le dire. Il annonce que demain, à midi, monsieur le **Percepteur** viendra recevoir les **contributions** des gens de la commune. C'est là une nouvelle qui ne réjouit personne, et j'en vois par la fenêtre qui ont la mine longue. Et pourtant rien ne marcherait si l'on ne payait pas de contributions.

Vous avez l'air étonné, Henri? Et qu'est-ce qui vous étonne dans ce que je dis?

— Monsieur, c'est que papa et mon oncle en parlaient hier, de la visite du percepteur, et ils ne disaient pas comme vous, eux. Ils voudraient bien qu'il n'y ait pas de contributions.

— Ils le voudraient bien, je le comprends, parce qu'il est toujours désagréable et quelquefois difficile de payer. Mais je les connais : ce sont des hommes raison-

3

nables, de bons citoyens. Si vous les aviez interrogés, ils vous auraient dit, comme moi, que *rien ne pourrait marcher sans contributions,* ou **sans impôts,** ce qui est la même chose.

Tenez, nous avons parlé hier de l'armée. Je vous ai prouvé qu'il est nécessaire d'en avoir une. Mais cela coûte gros à entretenir. Il faut nourrir les soldats, payer les officiers, acheter des canons, des fusils, des sabres, des munitions, des habits, des souliers. Il faut bâtir des casernes où logeront les troupes, et des forteresses pour défendre les villes et les endroits par où l'ennemi pourrait passer pour entrer en France. Pour tout cela, il faut de l'argent, beaucoup d'argent! Et où le prendre? L'argent ne pousse pas tout seul en plein champ; il faut bien le demander à quelqu'un.

Et à qui le demander? Mais **à tout le monde.** Puisque tout le monde profite de l'armée, qui défend tout le monde, il est très juste que tout le monde paye pour l'entretenir; pour cela il faut des impôts.

DEUXIÈME LEÇON

COMMENT ÉTAIT ENTRETENUE L'ARMÉE AUTREFOIS.

— Il fut des temps où on n'y regardait pas de si près. Les **rois** levaient des armées, se procuraient comme ils pouvaient de l'argent pour les habiller et les équiper, et puis ils ne s'en occupaient plus guère. Bien souvent pas de **solde,** c'est-à-dire de payement régulier, pas de nourriture fournie chaque jour aux soldats. Ceux-ci s'arrangeaient comme ils pouvaient, et ainsi qu'on disait alors, *vivaient sur le pays.* Vous entendez bien ce que cela voulait dire. Ils passaient leur temps à piller le paysan, lui volant ses grains, ses bestiaux, ses économies, et, à la moindre résistance, cassant tout, incendiant les maisons, battant et tuant les pauvres gens.

Ah! ceux-ci auraient été bien contents si on leur avait dit : Tous les ans vous donnerez une petite somme, et moyennant cela, vous ne serez plus jamais menacés ni maltraités. Avec cette petite somme demandée à tout le monde, on fait un gros trésor, parce que *les petits ruis-seaux font les grandes rivières*, — quand il y en a assez, bien entendu. Et avec ce gros trésor on paie régulière-ment l'armée.

Les soldats vivaient sur le pays.

Vous voyez bien la différence. Dans le temps, c'était seulement le pays où passait l'armée qui la nourrissait, et elle épuisait tout. Aujourd'hui, on donne pour elle dans toutes les parties de la France, et alors ce n'est plus grand'chose pour chacun.

Si l'on supprimait l'impôt qui sert à entretenir l'armée, et si les soldats venaient à passer par ici et à vivre sur le pays, ah! ceux qui crient contre l'impôt seraient les premiers à le réclamer, pour qu'on les laissât tranquilles. Mais c'est toujours comme cela : *il faut qu'on sente le mal pour ne pas trouver le remède trop mauvais.*

TROISIÈME LEÇON

L'IMPÔT EST COMME UNE COMPAGNIE D'ASSURANCES.

— C'est comme pour les incendies, voyez-vous. Il y a quatre ans, nous avons eu ici un grand feu; les plus âgés d'entre vous se le rappellent bien, c'était terrible : vingt maisons de brûlées! Aussi le lendemain, tout le village s'est *assuré contre l'incendie*.

C'est-à-dire que chacun donne chaque année une petite somme, et si sa maison brûle, on lui en paiera la valeur: il n'y aura rien de perdu. Je prêchais cela depuis long-temps, et personne né m'écoutait. Après le grand feu, tout le monde est venu, et il a fallu que j'écrivisse tout de suite à la **compagnie d'assurances**; on trouvait que je n'allais pas assez vite; chacun craignait que sa maison ne brûlât le jour même. Eh bien, maintenant, comme il n'y a pas eu d'incendie depuis quatre ans, il y a des gens qui font la grimace quand il faut payer la **prime**, la petite somme annuelle.

L'impôt ou l'**assurance**, voyez-vous, c'est la même chose. Il vaut mieux payer un petit peu tous les ans, que d'être toujours en crainte de se voir ruiné.

Mais les impôts ne servent pas uniquement à l'armée. Voilà la grande **route nationale** qui passe devant l'École, et trois ou quatre **chemins vicinaux** qui traversent le village. Vous allez dessus à pied ou en voiture, sans rien payer.

Mais cela ne s'est pas fait tout seul. Il a fallu acheter le terrain, construire la route, bâtir des ponts, creuser des tranchées ou quelquefois des tunnels*. Et puis, tous les ans, il faut entretenir la route, y mettre du caillou, rafraîchir les fossés. Il faut payer les **cantonniers** qui font tout cela, et les **ingénieurs** qui les dirigent. Il y en a comme cela dans toute la France !

Pour toutes ces dépenses, il faut beaucoup d'argent. Et

à qui demander cet argent? C'est la même réponse que pour l'armée : **à tout le monde,** puisque tout le monde profite des chemins et des routes. Vous voyez bien qu'il faut payer pour cela encore un impôt. Il n'y a pas cent ans il n'y avait, en ce pays, ni routes, ni chemins tracés et entretenus. On passait comme on pouvait, dans les ravins et les fondrières*. C'était gratis, on ne payait pas pour cela de contributions. Demandez donc, Henri, à votre oncle

Ingénieur dirigeant des travaux.

et à votre père, s'ils voudraient revenir à ce temps-là? Ah! il n'y a pas de danger! Ils aiment bien mieux payer l'impôt et aller tranquillement, dans de bonnes voitures, vendre leurs denrées à la ville.

QUATRIÈME LEÇON

TOUT LE MONDE PROFITE DE L'IMPÔT.

— A côté des routes, il y a les **canaux**; et si vous alliez dans les grandes villes de nos côtes, au Havre, à Marseille, vous y verriez d'immenses **ports,** avec des

quais, des jetées*, des phares*, qui ont coûté bien cher à
construire, et que l'on agrandit continuellement. Qui doit
payer tout cela ?... Ah! voilà Pierre qui veut répondre.

— Monsieur, ce sont les gens de Marseille et du Havre.
Nous autres, qui sommes loin de la mer, nous n'avons pas
besoin de ports.

— Vous croyez cela? Voyons, raisonnons un peu.

Le port du Havre.

Qu'est-ce que vous avez mangé ce matin, avant de venir
à l'École?

— Du café au lait, monsieur.

— Bon ; et avec quoi est faite la blouse que vous avez
sur le dos?

— Avec du coton, monsieur.

— Et d'où viennent le café, le coton, et le chocolat, et
le quinquina, et le poivre, et l'acajou?

— Monsieur, vous nous l'avez dit en faisant des *leçons
de choses* : presque tout cela vient de l'Amérique, de
l'Inde, et des colonies.

— Bien. Autre chose. Je demandais justement il y a
deux jours à votre père à qui il vendait les vins qu'il

achète aux vignerons de ce pays-ci ; et il me répondait que, depuis quelques années, il en envoie beaucoup en Angleterre.

Eh bien ! maître Pierre, par où passent le coton qui arrive d'Amérique et le vin qui s'en va en Angleterre? Par les **ports**, n'est-ce pas? Et s'il n'y avait pas de ports, nous n'aurions pas de coton et nous vendrions moins bien notre vin. Vous voyez bien que nous avons intérêt, au moins autant que les gens de Marseille et du Havre, à ce que leur port soit bien entretenu, et qu'il est juste que nous payions tous pour cela quelque petite somme, quelque **impôt**.

Voyez-vous, mes enfants, c'est comme cela partout, dans un pays bien organisé. On a intérêt à tout, et le plus souvent on ne s'en doute pas.

CINQUIÈME LEÇON

L'IMPÔT SERT AUSSI A CONSTRUIRE DES MONUMENTS UTILES, TELS QUE LES ÉCOLES, ETC.

— On a construit à Paris et dans quelques autres points de la France, de grands bâtiments où des savants passent leurs jours et leurs nuits à regarder dans le ciel avec des lunettes. Cela coûte gros à bâtir et à entretenir. C'est **l'impôt** qui paie, et il y a des gens qui, s'ils savaient cela, diraient comme Pierre tout à l'heure : il n'est pas juste que nous payions pour tous ces savants, qui ne nous servent à rien.

Eh bien, l'année dernière, au printemps, vous vous rappelez bien la grande inondation ? Il y a eu beaucoup de dégâts, mais personne n'a péri, et l'on a sauvé les bestiaux. C'est que, la veille, monsieur le préfet nous avait envoyé une dépêche du **général de Nansouty,** un vieux brave, qui, après s'être bien battu contre les Prussiens, passe sa vie dans la neige à 2,800 mètres en l'air, au **Pic du Midi*,** à observer le ciel ; et le général lui annonçait qu'il allait y avoir une grande fonte de neige dans la montagne, et que tous les torrents allaient déborder. Alors on a pris ses précautions.

Voilà à quoi sert l'impôt, et à bien d'autres choses utiles. Tâchez de ne plus payer l'impôt pour les gendarmes, les prisons et les juges, et vous verrez si l'on serait tranquille : il faudrait toujours avoir le fusil au poing.

Et l'impôt pour les **écoles** ! Et l'impôt pour les **postes** ! Et tous les autres !

Si l'on supprimait d'un coup tous les impôts et tous les services qu'ils rendent, ce serait une destruction de toutes choses et une désolation universelle. On se dépêcherait de les rétablir. Voyez-vous, il n'y a que les sauvages qui ne paient pas d'impôts : aussi ils vont tout nus, couchent en plein air, sont à moitié idiots, mangent quand ils peuvent, et le plus fort assomme les autres, sans se soucier des réclamations. Mais une réunion de braves gens, travailleurs, intelligents et économes, une **société civilisée,** comme on dit, *ne peut exister sans impôts.*

SIXIÈME LEÇON

TOUT LE MONDE DOIT PAYER L'IMPÔT. — LES CONTRIBUTIONS DIRECTES.

— Maintenant, qui paiera l'impôt ? Tout le monde, je vous l'ai dit. Mais tout le monde également ? Ce ne serait pas juste. Un ouvrier qui n'a que ses bras pour nourrir lui et sa famille ne doit pas payer autant qu'un commerçant ou qu'un propriétaire. Cela tombe sous le bon sens.

La justice, c'est que chacun paie en proportion de sa fortune. Celui qui n'a rien du tout ne paiera rien ; celui qui est deux fois plus riche qu'un autre, paiera deux fois plus que lui.

Mais c'est ici que le difficile commence. Par quel moyen connaître la fortune des gens ?

On a commencé par le plus facile, par la terre, les prés, les bois, les vignes, etc. On a estimé toutes les parcelles, dans un immense travail appelé le **cadastre***, et l'on a dit aux propriétaires de ces parcelles : votre propriété vaut *tant*, vous paierez *tant* tous les ans. Puis on s'est adressé à la propriété bâtie, aux maisons, et l'on a fait le même raisonnement.

On a ainsi obtenu ce qu'on appelle la **contribution foncière.** C'est la plus facile à comprendre et aussi à établir.

C'est cette contribution-là que monsieur le **Percepteur** va venir toucher demain, et aussi d'autres qu'il serait trop long de vous expliquer aujourd'hui, et qu'on appelle contributions des *portes et fenêtres,* contributions *personnelle et mobilière,* contributions des *patentes.*

On appelle ces quatre contributions **contributions directes,** et c'est un mot que vous entendrez souvent prononcer dans le cours de votre vie. Moi, je les appelle *contributions* **visibles.** Et savez-vous pourquoi ?

C'est parce qu'on les voit, c'est-à-dire que chacun sait ce qu'il paie pour elles, parce que cela est écrit sur un papier que vous envoie à l'avance le percepteur, de sorte qu'on peut faire ses réclamations s'il y a quelque erreur.

SEPTIÈME LEÇON

LES CONTRIBUTIONS INDIRECTES.

— A côté, se trouvent les **contributions indirectes,** que j'appelle les *contributions* **invisibles,** et vous allez voir pourquoi.

Allez acheter du vin chez le marchand de vin, du tabac ou de la poudre chez le débitant, du sucre, du chocolat, du café, du sel, des allumettes, de la bougie, chez l'épicier. Vous payez un certain prix. Or, toutes ces denrées, avant d'entrer en France ou en sortant de chez le fabricant ou le vigneron, ont payé des impôts, **des droits**, comme on dit. A la frontière de France, elles paient les droits de **douane** *, à l'entrée de beaucoup de villes et même de villages, elles paient les droits **d'octroi**. Pour combien y a-t-il de ces droits, dans le prix de la livre de café ou du litre de vin que vous achetez ?

Le vin, comme certaines denrées, paie des droits.

vous n'en savez rien ; pour le savoir, il vous faudrait de longs calculs. C'est pour cela que j'appelle **invisibles** les impôts indirects. Et c'est pour cela qu'on les paie sans rien dire. Allez donc réclamer quand vous ne savez pas même ce qu'on vous demande ! Quand on augmente les contributions directes, tout le monde le sait et se plaint. Pour les indirectes, on ne le sait pas, et elles ne sont pas moins lourdes !

Elles ne sont même pas très justes. Car un père de famille, qui a cinq ou six enfants et qui n'est pas riche, consomme bien plus de sel et de café, et par conséquent paie bien plus d'impôts indirects qu'un millionnaire qui vit tout seul. Aussi, tous les ans, on les diminue, et il faut espérer que du train dont on va depuis quelques années, on arrivera à n'en payer que très peu et finalement plus du tout. La vie sera alors à bien meilleur marché.

Notez bien que ce n'est pas une raison, si ces impôts ne sont pas parfaits, pour essayer de ne pas les payer. Il y a des gens qui se croient très honnêtes, qui ne prendraient un sou à personne et qui croient pouvoir sans remords **frauder** l'octroi ou la douane. C'est une grande erreur et une grosse faute civique. D'ailleurs, l'argent dont ils privent ainsi le trésor public doit être pris sur d'autres, ce qui n'est pas juste. *Il ne faut jamais, sous aucun prétexte, tourner la loi.*

HUITIÈME LEÇON

LES EMPLOYÉS DES FINANCES.

— Voilà, en gros, comment sont organisés nos impôts. Mais vous entendez bien que cela ne va pas tout seul pour les recueillir. Si l'on attendait que chacun vienne les payer, on n'en récolterait guère. Aussi il faut toute une armée de gens pour établir l'impôt, fixer à chacun sa part, et en demander le payement.

On les appelle les **employés des finances** et ils portent toutes sortes de noms, suivant la besogne de chacun. Vous apprendrez ces détails-là plus tard.

Sachez seulement qu'ils sont tellement bien organisés et surveillés, qu'il leur serait impossible, quand même ce ne seraient pas d'honnêtes gens, de voler un sou sur tous les impôts recueillis. Ceux qui dépensent cet argent sont organisés et surveillés tout aussi bien ; il faut qu'ils rendent compte de tout, et *rien ne peut se perdre ni être volé.*

Vous voulez me poser une question, mon petit Paul ?
— Mais, monsieur, qui est-ce donc qui surveille si bien

tous ces gens-là, et à qui est-ce qu'ils rendent des comptes ?

— D'abord, mon enfant, ils se surveillent les uns les autres, car les chefs sont responsables de ce que font les inférieurs. Ainsi, si le percepteur se sauvait demain avec l'argent qu'il aurait récolté dans le village, ou s'il tenait de faux registres, c'est son chef qui payerait : il n'avait qu'à mieux choisir ses hommes, ou à les mieux surveiller. Vous comprenez bien que chacun ouvre l'œil.

Et puis ce n'est pas tout. Il faut que tous ceux qui reçoivent de l'argent, et ceux qui en dépensent tiennent des livres, établissent des comptes; et tout cela est examiné par une assemblée d'hommes instruits et honnêtes, qu'on appelle la **Cour des comptes.** C'est comme un fermier qui vérifie les comptes de ses domestiques, seulement c'est bien plus compliqué.

NEUVIÈME LEÇON

ÉTABLISSEMENT DU BUDGET.

— Et qui est-ce qui décide ce qu'on doit payer chaque année ?

— C'est la **Chambre des députés,** avec l'aide du **Sénat.** Tous les ans elle examine les dépenses à faire et elle décide les impôts qu'il faut lever. C'est ce qu'on appelle **établir le budget.** Cela se fait en public, et chacun peut lire dans les journaux les raisons données pour établir telle ou telle contribution.

— Ainsi personne ne pourrait demander de l'argent si la **Chambre des députés** ne l'avait pas décidé?

— Non, mon enfant. Celui qui essaierait de le faire serait un voleur; il faudrait refuser de payer, et, si cela était nécessaire, se battre pour son droit et pour son argent.

— Mais, monsieur, comment se fait-il donc que la Chambre des députés peut décider qu'il y aura des impôts, et qu'il faudra payer? Qui lui donne ce droit-là ?

— Qui lui donne ce droit? C'est votre père, c'est

moi, ce sont **tous les citoyens.** L'impôt est pour le service de tout le monde ; tout le monde le paie, et c'est tout le monde aussi qui décide à quelle somme il doit monter.

Seulement, comme tous les citoyens ne pourraient pas se réunir pour discuter cela, parce qu'ils sont trop nombreux et ne sont pas tous assez instruits, ils choisissent parmi eux des **députés** pour faire cette difficile besogne. C'est ce que l'on appelle **voter.** Et ils votent tous, comme cela est juste, puisqu'ils doivent tous payer, peu ou beaucoup. C'est là le **suffrage universel.** Mais je vous expliquerai tout cela dans une autre leçon.

Qu'il vous suffise de savoir pour aujourd'hui que personne ne peut réclamer d'impôts sans en avoir le droit, et que tout l'argent payé par les **contribuables** est employé utilement pour les **services publics**.

RÉSUMÉ.

1. Les impôts sont nécessaires pour payer les soldats, pour faire des routes, pour tous les services publics.

2. Ils sont comme les primes d'assurances contre l'incendie : pour une faible somme, ils vous procurent un grand bien.

3. Il est juste de payer des impôts, non seulement pour les choses dont chacun profite tout de suite, comme les chemins, mais pour d'autres dont il semble qu'on ne profite pas.

 Tout ce qui se fait de bon dans un pays profite à tout le monde.

4. Si l'on supprimait à la fois les impôts et les avantages qu'ils donnent, tout le monde demanderait qu'ils fussent rétablis.

 Il n'y a que les **sauvages** qui ne paient pas d'impôts.

5. L'impôt est une dette sacrée que chacun doit payer en proportion de sa fortune.

6. Il y a deux espèces d'impôts : les impôts directs ou visibles, les impôts indirects ou invisibles.

Chacun sait ce qu'il paie pour les impôts directs ; personne ne sait ce qu'il paie pour les impôts indirects.

7. La recette des impôts est réglée de manière que personne ne peut en mettre un sou dans sa poche.

L'argent recueilli est de même dépensé sans que personne puisse en voler.

8. C'est la Cour des comptes qui vérifie les recettes et les dépenses des impôts.

9. C'est la Chambre des députés qui décide chaque année quels impôts il faudra payer et quel usage on en devra faire.

10. Si quelqu'un voulait lever des impôts sans l'ordre de la Chambre des députés, il faudrait le traiter comme un voleur.

11. La Chambre des députés a ce droit parce qu'elle est élue par le suffrage universel.

Puisque tout le monde paie l'impôt, peu ou beaucoup, il est juste que tout le monde *vote* pour nommer ceux qui l'établissent.

EXERCICES ORAUX OU ÉCRITS.

1. A quoi servent les impôts ?

2. A quoi peut-on les comparer ?

3. Est-il juste de payer les impôts ? — Profitons-nous toujours de leur emploi ?

4. Si l'on supprimait les impôts, qu'arriverait-il ? — Y a-t-il des populations qui ne paient pas d'impôt ?

5. Comment doit être considéré l'impôt ?

6. Combien y a-t-il d'espèces d'impôts et quels sont-ils ? — Chacun sait-il ce qu'il paie pour tous les impôts ?

7. Comment sont réglées les recettes et les dépenses des impôts?
8. Qui est-ce qui vérifie les recettes et les dépenses des impôts?
9. Qui est-ce qui vote les impôts et règle leur emploi?
10. Comment faudrait-il traiter celui qui voudrait lever des impôts sans l'ordre de la Chambre des députés?
11. Pourquoi la Chambre des députés a-t-e. ? le droit de donner l'ordre de lever les impôts? — Pourquoi est-il juste que tout le monde vote pour nommer ceux qui établissent l'impôt?

Devoirs de rédaction.

1. Expliquez ce que vous entendez par l'impôt. — Pourquoi l'a-t-on établi? — Montrez ce que les particuliers reçoivent de l'État en échange de l'impôt.

2. Faites le tableau d'une société où il n'y aurait pas d'impôt.

3. Exposez ce qu'il faut entendre par contributions directes, contributions indirectes, douane, octroi.

4. N'y a-t-il pas des impôts qui vous paraissent plus justes que d'autres? — Faites quelques compara' ns à ce sujet.

5. Citez des denrées, des animaux domestiques, des objets qui, selon vous, devraient être imposés. — Expliquez pourquoi vous l'entendez ainsi.

Le voleur s'enfuit en jetant le paquet de linge.

CHAPITRE III
LA JUSTICE (1)

PREMIÈRE LEÇON

LES JUGES SEULS ONT LE DROIT DE PUNIR.

— Monsieur, avez-vous vu le voleur, comme il courait, et les **gendarmes** qui l'emmènent? Qu'est-ce qu'on va en faire?

— On va le conduire en **prison** à la ville. Puis on le **jugera**, et, s'il est reconnu **coupable,** comme cela est bien certain, il sera **condamné.**

— Condamné à quoi? à être pendu?

— Oh, non! on n'est pas pendu pour avoir cassé une vitre, volé du linge et même battu la propriétaire.

— C'est que, monsieur, le père Robert disait comme cela qu'il faudrait le pendre tout de suite, et ils étaient plusieurs de son avis.

— Oh! oh! il est expéditif, le père Robert, et il n'y va pas de mainmorte! Et quelle raison donnait-il pour aller si vite?

— Il disait que c'était un vaurien; qu'il ne devait pas en être à son premier coup; et que c'est abominable d'assommer une pauvre vieille femme après l'avoir volée, parce qu'elle appelait au secours.

— Il est bien vrai, mon enfant, que, malheureuse-

---

(1) Consulter le *Droit usuel à l'école,* par M. Henri Reverdy, revu par M. A. Burdeau.

ment, ce voleur a tout l'air d'un criminel endurci. Et il est bien certain aussi qu'il a volé et frappé; il ne s'en cache pas lui-même.

Mais alors, si on le pendait pour cela, quelle peine réserverait-on aux grands criminels, à ceux qui incendient ou assassinent? Et puis, toutes les mauvaises actions ne sont pas aussi évidentes que celle-là; on peut se tromper, accuser à faux un innocent. Il faut se donner le temps d'examiner l'affaire, de se calmer si l'on est en colère, surtout quand il est question de pendre les gens, car les morts ne reviennent pas. Et quelle terrible chose ce serait de faire mourir un innocent !

—C'est vrai, monsieur, mais qui est-ce qui va juger ce malheureux-là?

— Pour vous répondre exactement, il faudrait que je sache comment les choses se sont passées.

— Monsieur, le voleur croyait que la mère Adam n'était pas dans sa boutique. La porte était fermée. Alors il a cassé une vitre, ouvert la porte et il a pris tout un paquet de linge et d'habits. Mais la mère Adam est arrivée, elle a crié, et alors le voleur l'a battue, lui a cassé un bras, et le médecin dit qu'elle en a bien pour deux mois, et qu'elle pourrait même en mourir à cause de son âge.

— Oh! c'est une grave affaire : *vol avec effraction dans une maison habitée; coups et blessures entraînant une incapacité de travail de plus de vingt jours*, et peut-être *meurtre*. C'est une affaire de **Cour d'assises**, et il y va des **travaux forcés.**

DEUXIÈME LEÇON
LA COUR D'ASSISES ET A QUOI ELLE CONDAMNE.

— Qu'est-ce que c'est que la Cour d'assises et les travaux forcés ?

— La **Cour d'assises** est un tribunal qui juge les grands **criminels** : *voleurs avec effraction* ou *à main armée, faussaires, incendiaires, meurtriers, assassins*. Il est composé de douze **jurés**, choisis parmi les citoyens les plus instruits du département, et de trois **magistrats** dont c'est la profession de juger. Le criminel comparaît devant la Cour. On l'interroge, il répond ; il a même un **avocat** pour le défendre. Quand il a fini, les jurés décident s'il est coupable ou non, et s'ils le déclarent coupable, les juges prononcent **la peine** qu'il devra subir.

— Comment, monsieur, un gredin pareil aura un avo-

La Cour d'assises.

cat? Et il lui sera permis de répondre aux juges, de leur mentir ?

Il n'y a pas besoin de tant de cérémonies, comme dit le père Robert. C'est bien sûr qu'il est coupable ; qu'on le condamne tout de suite.

— Et qu'on le pende, n'est-ce pas ?

Non, les choses ne peuvent pas aller si vite que cela ! *devant la justice, un homme accusé est considéré comme innocent ;* il faut qu'on prouve qu'il est coupable. Il a donc le droit de **se défendre** en toute liberté.

Sans doute, cela peut embrouiller certaines affaires et faire échapper des coupables. Mais cela vaut mieux cent fois que la condamnation d'un innocent.

Et puis, pour savoir à quelle peine on condamnera l'homme, il faut connaitre tous les tenants et aboutissants de l'affaire; il faut savoir s'il en est à son coup d'essai, et s'il y a chance de le ramener au bien ; s'il était dans une misère extrême, lui ou les siens, ce qui rend avec raison les juges indulgents; s'il est assez intelligent pour se rendre compte du mal qu'il a fait, et tant d'autres choses.

Les travaux forcés à la Nouvelle-Calédonie.

— Et qu'est-ce que c'est que les **travaux forcés** auxquels vous nous avez dit qu'il pourrait être condamné?

— C'est ce qu'on appelait dans le temps **envoyer aux galères,** parce que ces condamnés allaient ramer sur des vaisseaux appelés *galères.* Plus tard, on les a placés dans des espèces d'horribles prisons appelées **bagnes.** Aujourd'hui ils vont à la Guyane et à la Nouvelle-Calédonie, où ils sont employés aux plus rudes travaux.

Les travaux forcés sont la peine la plus forte à laquelle les Cours d'assises puissent condamner les voleurs, les faussaires et les meurtriers. Quant aux incendiaires et aux assassins, c'est-à-dire à ceux qui ont tué un homme exprès, et en préparant leur coup à l'avance, ils peuvent être condamnés à **mort**, et sont alors **guillotinés***, si le Président de la République ne leur fait pas **grâce** de la vie. Et il le fait souvent, car c'est bien dur de tuer un homme de sang-froid, même quand c'est un abominable criminel ; et puis, il y a toujours la crainte de se tromper !

TROISIÈME LEÇON

TRIBUNAL CORRECTIONNEL. — JUGE DE PAIX. — COUR D'APPEL
ON NE PEUT SE FAIRE JUSTICE SOI-MÊME.

— Et quand il ne s'agit pas de grands criminels, qui est-ce qui juge?

— C'est ce qu'on appelle le **tribunal correctionnel**. Il n'y a pas là de jurés, mais seulement des **juges**. Ils peuvent condamner à l'**amende** ou à la **prison** pour les *vols ordinaires*, pour les *coups et blessures* sans gravité, les *escroqueries*, etc., actes qu'on appelle des **délits**.

Les actes moins graves encore et qu'on appelle des **contraventions** sont jugés par le **juge de paix**, qui ne peut condamner à plus de cinq jours de prison. Le juge de paix forme à lui seul le **tribunal de simple police**.

Devant tous ces tribunaux, toutes les précautions sont prises pour que l'accusé puisse faire valoir son innocence. Il peut se défendre, prendre un avocat, et toute l'affaire, interrogation, accusation, plaidoirie, c'est-à-dire ce qu'on appelle les **débats**, est publique, ce qui est, vous le comprenez bien, une grande garantie, parce que chacun apprécie les dépositions des témoins, les réponses de l'accusé et la décision des juges.

De plus, lorsqu'un accusé se considère comme *injustement condamné* par le **tribunal correctionnel**, il peut en **appeler**, c'est-à-dire *faire juger de nouveau* son affaire et, cette fois, par la **Cour d'appel**, qui le condamne ou l'absout ; après quoi cela est fini pour lui.

Mais on n'en appelle pas de l'**arrêt de la Cour**

d'assises, où le crime a été apprécié successivement par des jurés et par des juges.

— Mais, monsieur, si la Cour d'assises ne condamnait pas le voleur ? Le fils de la mère Adam disait qu'il l'assommerait pour sûr.

— Le fils de madame Adam avait grand tort. Si l'homme est, comme on dit, **acquitté,** personne n'a le

Le juge de paix est surtout appelé à concilier les plaideurs.

droit de le frapper, pas plus à ce moment-là qu'aujourd'hui. Retenez bien ceci : **nul ne peut se faire justice lui-même.**

Pensez donc à ce qui arriverait autrement ! A la moindre offense, on se battrait, on se tuerait. Chacun trouve toujours qu'il a raison, et ce serait toujours le plus fort qui l'emporterait.

Cela ne pourrait pas marcher de la sorte. C'est pourquoi, dans toutes les sociétés, on a choisi des hommes sages et instruits, qui jugent les disputes, les violences, donnent tort au coupable et le condamnent. *Leur jugement doit être respecté, alors même qu'on se croit sûr qu'ils se sont trompés*, car sans cela il n'y aurait partout que du désordre. Ce serait comme chez les sauvages, où il n'y a pas plus de tribunaux que d'impôts. Celui qui a le plus gros bras finit toujours par avoir raison. C'est la force qui règne et non la justice.

QUATRIÈME LEÇON
LE TRIBUNAL CIVIL.

— Monsieur, quand on se dispute à qui aura une terre ou une maison, comme voilà les neveux de défunt le père Jacquet, qui sont en **procès** à ce que dit papa, est-ce que c'est la Cour d'assises qui juge ?

— Non, mon enfant, je vous ai déjà dit que la Cour d'assises ne juge que les crimes.

Pour les procès, quand ils sont très peu importants, c'est le **juge de paix** qui prononce. Au-dessus, c'est le **tribunal civil**.

Le tribunal civil siège à la ville, avec le tribunal correctionnel. Mais avant d'aller devant lui on est appelé par le juge de paix, qui tâche d'arranger l'affaire. C'est ce qu'on appelle la **conciliation**. Un grand nombre de plaideurs en profitent, heureusement.

Quand on perd son procès devant le juge de paix, on peut, si l'affaire a quelque importance, en **appeler** devant le **tribunal civil** qui rend, lui, une **sentence définitive**. De même, si l'on est allé d'abord plaider devant ce tribunal pour une affaire importante, on peut en appeler devant la **Cour d'appel,** et puis c'est fini.

Ainsi le procès des Jacquet est maintenant **en appel** après avoir été jugé l'année dernière en **première instance** devant le tribunal civil.

Vous voyez donc que, pour les procès entre particuliers, ce qu'on appelle les **procès civils**, c'est comme pour les **procès correctionnels** : *on peut toujours être jugé deux fois, mais pas plus.* Cela aide à éviter des erreurs, sans permettre d'éterniser les procès : et pourtant il y en a encore de terriblement longs.

CINQUIÈME LEÇON

LA COUR DE CASSATION. — LA CONCILIATION.

— Monsieur, Joseph Jacquet, l'aîné, disait à papa que s'il perdait il irait en **cassation**. Le procès sera donc jugé trois fois, puisque vous dites qu'il va l'être en appel ?

La Cour de cassation.

— Oui et non, mon enfant. La **Cour de cassation**, qui est unique et siège à Paris, domine tous les autres tribunaux, c'est pourquoi on l'appelle souvent **Cour suprême**. On peut aller **se pourvoir** devant elle pour une condamnation à 1 franc d'amende comme pour une condamnation à mort. Mais j'ai peur que si j'essayais de vous expliquer bien au juste ce qu'elle fait, vous ne puissiez guère me comprendre : nous remettrons cela à plus tard.

Ce que je puis vous dire cette année, c'est que les Jacquet sont des entêtés, comme presque tous les plaideurs, et qu'ils vont manger en procès le bien qu'ils se disputent. Il y a déjà deux ans que cela dure, et personne ne peut dire ce qu'ils ont dépensé en papiers timbrés, en honoraires d'huissiers, d'avoués, d'avocats, en frais de justice, sans parler des voyages, du temps perdu, des colères et des haines qui restent entre les plaideurs et même entre leurs enfants. Ah! qu'ils auraient bien mieux fait d'écouter M. le juge de paix, quand il les a appelés en conciliation dans son cabinet et leur proposait d'arranger l'affaire. C'est un homme sage, et ce qu'il aurait fait valait bien ce que feront les tribunaux, avec les dépenses et le mauvais sang en moins.

Ils se ruineront, les Jacquet, comme tant d'autres plaideurs. Et pourtant, aujourd'hui l'on ne donne plus rien aux juges, qui ne reçoivent que leur **traitement** de l'État. Croyez-moi, mes enfants, et rappelez-vous ce que disaient nos anciens, c'est la sagesse même : *Mauvais accommodement vaut mieux que bon procès.*

Quoi qu'il en soit, voilà comment sont organisées chez nous la **justice civile** et la **justice criminelle.** Bons ou mauvais, les tribunaux sont égaux pour tous. Qu'on soit riche ou pauvre, grand chef d'industrie ou simple ouvrier, on a également affaire à eux.

La loi est égale pour tous les citoyens. Les tribunaux sont les mêmes pour tous les citoyens. Il y a cependant quelques exceptions à cette dernière règle.

SIXIÈME LEÇON

LE TRIBUNAL DE COMMERCE. — LE CONSEIL DE GUERRE
ÉGALITÉ DE LA JUSTICE.

Les procès entre **commerçants,** pour leurs affaires de commerce sont, dans les pays où il y en a un assez grand nombre, jugés par un **tribunal de commerce** *dont les juges sont élus par les commerçants* eux-mêmes.

Les procès entre **ouvriers** et **patrons** sont jugés

par les tribunaux de **prud'hommes;** *les prud'hom-mes sont élus moitié par les ouvriers et moitié par les patrons.*

Quant aux délits et crimes commis par les **soldats,** ils sont jugés par des officiers réunis en **Conseil de guerre.** Il y a, du reste, pour les soldats, des lois spéciales

Le Conseil de guerre

et bien plus sévères que pour les civils, à cause de la discipline.

Mais *devant tous les tribunaux,* **tribunaux ordinaires** *ou* **tribunaux d'exception,** comme ceux dont je viens de vous parler, *la* **loi** *est la même pour tous, la* **justice** *est la même pour tous.* Et vous pensez bien que les juges ne peuvent pas vous condamner à leur fantaisie. Il y a des lois **écrites,** qu'ils sont **forcés d'appliquer.** Ainsi, le père Robert lui-même, s'il était juge, ne pourrait pas condamner le voleur de la mère Adam à être pendu, parce que la loi ne lui permettrait pas de le faire, et que s'il jugeait autrement la **Cour de cassation casserait son arrêt.**

4

Ce sont ces lois écrites qui nous protègent tous; les unes parce qu'elles défendent ce qui est mal et frappent de diverses peines ceux qui leur désobéissent, les autres parce qu'elles donnent les règles avec lesquelles on juge les procès.

Vous pensez bien qu'il y a beaucoup de lois ; il y a tant de choses à régler ! Les principales sont contenues dans ce qu'on appelle le **Code civil** et le **Code pénal**. Mais tous les jours on en fait de nouvelles, soit pour améliorer les anciennes, soit pour régler des choses auxquelles on n'avait pas pensé.

Vous comprenez combien il importe que les lois soient bien faites. Nous apprendrons, dans une prochaine leçon, qui est chargé de les faire.

RÉSUMÉ.

1. Personne ne peut se faire justice soi-même. Les coupables, si abominables qu'ils soient, doivent être jugés par les tribunaux.

2. Le tribunal chargé de juger les crimes s'appelle la Cour d'assises. Il est composé de jurés et de juges.

3. Le tribunal chargé de juger les délits s'appelle le tribunal correctionnel, et il est composé de juges.

4. Le tribunal chargé de juger les contraventions s'appelle le tribunal de simple police ; il est composé du juge de paix.

5. On peut en appeler des condamnations prononcées par le tribunal correctionnel devant la Cour d'appel.

6. Devant tous les tribunaux, l'accusé est considéré comme innocent jusqu'à preuve du contraire. Il se défend librement, seul ou avec un avocat. Les débats sont publics.

7. Quand un accusé a été acquitté par le tribunal et mis en liberté, on n'a plus le droit de le malmener, alors même qu'on serait sûr qu'il était réellement coupable.

8. Les procès entre particuliers sont jugés, suivant leur importance, par le juge de paix ou par le tribunal civil.

9. Avant de plaider devant le tribunal civil, il faut aller en conciliation devant le juge de paix, qui s'efforce d'arranger l'affaire.

10. On peut en appeler devant le tribunal civil des jugements du juge de paix, et devant la Cour d'appel de ceux du tribunal civil.
Mais il faut pour cela que les affaires aient une certaine importance.

11. On peut recourir en cassation pour tous les jugements, même ceux de la Cour d'assises.

12. Les frais de justice sont très élevés, quoiqu'on ne paie rien aux juges.
Le plus sage est donc de s'efforcer de ne jamais plaider, et d'arranger les affaires en conciliation : *mauvais accommodement vaut mieux que bon procès.*

13. Les tribunaux sont les mêmes pour tous les citoyens. Il n'y a d'exceptions que pour les tribunaux de commerce qui jugent les affaires des commerçants, les tribunaux des prud'hommes qui jugent les différends entre ouvriers et patrons, et les conseils de guerre qui jugent les crimes et délits des militaires et les infractions à la discipline.

14. La justice est égale pour tous. Les tribunaux ne peuvent juger que d'après les lois écrites.

EXERCICES ORAUX OU ÉCRITS.

1. Peut-on se faire justice soi-même? — Par qui doivent être jugés les coupables?
2. Comment s'appelle le tribunal chargé de juger les crimes, et comment est-il composé?
3. Comment s'appelle le tribunal chargé de juger les délits et comment est-il composé?
4. Comment s'appelle le tribunal chargé de juger les contraventions et comment est-il composé?
5. Devant qui peut-on en appeler des condamnations prononcées par le tribunal correctionnel?
6. Comment l'accusé est-il considéré devant les tribunaux et qui est-ce qui le défend?
7. Quand un accusé a été acquitté par le tribunal et mis en liberté, a-t-on le droit de le malmener?
8. Par qui sont jugés les procès entre particuliers?
9. Où faut-il aller avant de plaider devant le tribunal civil?
10. Où en appelle-t-on des jugements du juge de paix, et de ceux du tribunal civil?
11. Peut-on recourir en cassation pour tous les jugements?
12. Est-il bien coûteux de plaider?
13. Les tribunaux sont-ils les mêmes pour tous les citoyens?
14. La justice est-elle égale pour tous et d'après quoi peuvent juger les tribunaux?

Devoirs de rédaction.

1. Expliquez pourquoi le vol est puni par la justice. — Montrez les services que les gendarmes, gardiens de la paix, gardes champêtres, rendent à la société.

2. Faites, sous forme de lettre à un ami, le récit d'un vol, avec escalade et effraction, commis par un malheureux jeune homme de votre localité. Dites quelle cour l'a jugé, comment était composé le tribunal, si l'accusé a été défendu et à quelle peine il a été condamné.

3. Faites un récit du même genre que le précédent, touchant un militaire qui s'est rendu coupable de rébellion envers ses chefs.

4. Développer cette idée : la loi est égale pour tous.

Vous voterez quand vous serez majeurs.

CHAPITRE IV

LE PARLEMENT. — LA LOI
LE GOUVERNEMENT

PREMIÈRE LEÇON

LE VOTE.

— Je vous ai dit, mes enfants, que le service militaire est réglé par des **lois**, les impôts par des **lois**, toutes les affaires civiles et les procès criminels par des **lois**. Rien ne se fait sans des **lois**. Si les lois sont bonnes, tout marche bien. Si les lois sont mauvaises, tout va de travers. Rien de plus important par conséquent que de faire de bonnes lois.

Je vous ai dit aussi qui faisait les lois. C'est **tout le monde**, puisque c'est le **suffrage universel** qui nomme les personnes chargées de ce difficile travail.

Vous voterez, vous aussi, dans quelques années, quand vous serez **majeurs**, c'est-à-dire quand vous aurez 21 ans. Il est donc indispensable que vous sachiez comment les choses se passent, ou sans cela vous seriez de véritables aveugles et non de vrais citoyens. Si les citoyens ne savaient pas ce qu'ils font, la **souveraineté du peuple** ne serait qu'une tromperie.

Tout citoyen français âgé de 21 ans, qui n'a pas été

4

condamné par les tribunaux correctionnels ou cours d'as-sises pour quelque acte infamant*, est **électeur,** c'est-à-dire peut **voter** et nommer un **député.**

Nous savons déjà que la France est divisée en dépar-tements, en arrondissements, en cantons, et enfin en communes. Eh bien ! *chaque* **arrondissement,** *élit un député* ; quand sa population est supérieure à 100,000 habitants, il est divisé en **circonscriptions** dont chacune élit son député.

Monsieur le Maire faisait entrer les bulletins dans la boîte.

Tous les citoyens **inscrits sur les listes électora-les** de la circonscription ont le droit de **voter.** Vous savez bien comment cela se passe: on a voté ici, il y a eu dimanche quinze jours, pour le **conseiller général** du canton; c'est la même chose pour le **député.** Vous avez vu tous les citoyens arriver à la **mairie.** Sur la table se trouvait une boîte en bois fermée à clef et pourvue d'un orifice en forme de fente; c'est ce qu'on appelle l'**urne électorale.** Derrière la table étaient assis monsieur **le maire** et messieurs Dufort et Guitrat, **conseillers municipaux.**

Chaque citoyen en arrivant disait son nom ; monsieur Dufort regardait sur la liste électorale s'il était inscrit, et signait en face du nom de cet électeur, de sorte qu'il ne lui était pas possible de voter deux fois.

Alors l'électeur remettait au maire un morceau de papier blanc plié, et le maire le faisait entrer dans la boîte.

Sur ce morceau de papier, qu'on appelle **bulletin de vote,** était inscrit le **nom** de l'homme ou, comme on dit, du **candidat,** que l'électeur jugeait le plus digne d'être nommé.

Cela a duré de huit heures du matin à six heures du soir. Alors le maire a déclaré le **scrutin clos,** il a ouvert la boîte, tiré et compté tous les bulletins, et lu à haute voix les noms inscrits sur chacun d'eux. On a ainsi connu le nombre de voix obtenues par chaque candidat.

Comme la même chose se faisait en même temps dans chaque **commune** appelée à voter, on a su le soir qui avait le plus de voix, qui était **élu.**

Je vous l'ai dit, pour les députés c'est la même chose. Or, comme ce sont les députés qui font les lois, vous voyez qu'en définitive la loi sort de la boîte en bois, ou plutôt des bulletins que les citoyens y ont mis.

DEUXIÈME LEÇON

IL FAUT BIEN VOTER. — COMMENT Y ARRIVER.

— Vous voyez l'importance du vote. Si vous votez bien, on vous fera de bonnes lois, et vous serez libres et tranquilles ; si vous votez mal, on vous fera de mauvaises lois, qui peuvent vous ruiner, vous enlever toute liberté, vous faire avoir la guerre sans raison ni justice. *Il n'y a donc rien de plus important que de bien voter.*

Et comment y arriver ?

En sachant bien ce qu'on fait et ce qu'on veut. Et pour le savoir il faut s'instruire, connaître les hommes et les choses.

D'abord, *il ne faut voter que pour d'honnêtes gens*, car, sans cela, vous pensez bien qu'on ne pourrait pas être tranquille. Mais ce n'est pas là le plus difficile : on connaît assez les gens qui sont en situation de se présenter, surtout dans nos provinces. On sait bien si ce sont de braves gens, des gens d'ordre, de bons pères de famille, et s'ils sont capables et instruits. Non, ce n'est pas le plus difficile.

Le plus difficile, c'est de *savoir soi-même ce qu'on veut que fasse le candidat, quand il sera député*. Il ne suffit pas de s'en rapporter aux promesses qu'il fait, même quand il est honnête, parce que souvent il promet plus qu'il ne peut faire. Les paroles sont faciles, mais, comme dit le proverbe : *c'est au pied du mur qu'on connaît le maçon*.

Vous allez me dire : Comment faire ? Il faut donc que nous soyons tous capables d'être députés ? Non, mes enfants : on peut bien savoir si l'ouvrage est bien fait ou **mal fait**, sans être capable de le faire soi-même. Seulement il faut d'abord travailler à l'école, et vous instruire, apprendre votre **histoire** et votre **instruction civique** ; et puis, plus tard, il faudra continuer à travailler, lire des **livres**, lire des **journaux**...

TROISIÈME LEÇON

IL FAUT LIRE LES JOURNAUX. — LE VOTE EST SECRET.

— Pourquoi riez-vous, Pierre ?

— Monsieur, c'est que grand-papa s'est fâché l'autre jour avec papa qui s'abonnait au journal : il disait que c'était de l'argent perdu, que les ouvriers qui lisent le journal sont des fainéants et perdent leur temps, que c'est bon pour les bourgeois.

— Votre grand-père n'avait pas raison, mon enfant; mais il est très vieux, et quand il était jeune on n'avait pas le **suffrage universel,** qui ne date que de **la République de 1848.**

Il n'y avait alors que les gens riches qui votaient; mais aujourd'hui que tous les ouvriers votent aussi, s'ils ne lisaient pas les journaux, ou bien ils ne sauraient pas du

Il faut lire les journaux pour pouvoir voter avec intelligence.

tout ce qu'ils font, ou bien ils se laisseraient conduire par le bout du nez, ce qui revient au même. *Il faut donc lire les journaux,* pour savoir ce qui se passe en France et à l'étranger, quelles lois on vote à la **Chambre,** comment a voté votre député, et pour pouvoir apprécier les promesses que vous fait le candidat, ce qu'on appelle sa **profession de foi.** Il y a des gens qui promettent de prendre la lune avec les dents. Pour ceux qui croient que la lune est grande comme un fromage, cela ne paraît pas impossible. Mais nous, qui savons qu'elle est un peu trop loin et un peu trop grosse pour cela, nous ririons au nez du prometteur.

Eh bien, mes enfants, c'est pour tout comme cela ; si vous ne vous êtes pas instruits à l'école, si vous ne vous entretenez pas et ne vous perfectionnez pas quand vous serez grands, vous croirez ce que diront les candidats *mangeurs de lune*, qui vous flatteront et vous feront faire des sottises, c'est-à-dire vous feront voter pour eux.

Mais ce n'est pas tout de savoir ce qu'on veut faire, il faut encore être **libre** de le faire. Or, *on n'est pas libre quand on est violenté, menacé ou acheté.* Aussi la **loi électorale** a pris toutes sortes de précautions sous ce rapport. D'abord *il faut que l'électeur, s'il le désire, puisse garder son secret,* sans que personne sache comment

Les élections. Lecture des professions de foi.

il a voté ; car sans cela bien des domestiques, ouvriers, fermiers, n'oseraient pas voter autrement que le patron. Pour cela, la loi ordonne à l'électeur de préparer son bulletin avant d'entrer dans la salle où l'on vote ; il l'a dans sa main, personne ne sait ce qui est écrit dessus. La loi lui ordonne encore de se servir de **papier blanc ;** et il ne doit y avoir sur ou dans le bulletin aucune **indication** qui permette de reconnaître celui qui l'a mis dans la boîte.

QUATRIÈME LEÇON

ON NE PEUT ENTRER ARMÉ DANS LA SALLE DU VOTE,
NI MENACER OU CORROMPRE LES ÉLECTEURS.

— Ensuite, aucun **soldat**, ni **gendarme**, ni **agent de police**, et en général aucun homme armé ne peut

— Tiens, petit, prends mon sabre, tu me le rendras en sortant.

entrer dans la **salle du vote**, ni même stationner aux alentours, si le maire ne le permet pas.

C'est pour qu'on ne puisse pas intimider les électeurs. Il en est de même pour les gardes champêtres ; demandez plutôt à Guillaume. Je vous ai vu le jour du vote avec votre père, mon enfant. N'est-ce pas qu'il n'est pas entré dans la salle de la mairie avant six heures du soir?

— Si, monsieur, pour voter.

— Ah! c'est juste. Eh bien, avant d'entrer, qu'a-t-il fait?

— Monsieur, il a ôté son sabre, et il m'a dit: « Tiens-le, petit, je le reprendrai en sortant. »

— Je le sais bien, et même vous ne l'avez pas attendu, car je vous ai rencontré vous pavanant avec le sabre en bandoulière, ce qui a dû vous procurer une correction très juste. Mais, vous voyez bien, avant d'entrer, le garde champêtre ôte son sabre; il n'est plus **garde**

Il n'y a rien de plus honteux que d'acheter des voix, sinon de vendre la sienne.

champêtre, il n'a plus d'armes, il n'est dans la salle du vote qu'un **simple électeur**.

Enfin, si quelqu'un se permet de menacer un électeur pour le forcer à voter d'une certaine manière, il est très sévèrement puni. Il en est de même pour ceux qui achètent des voix, soit avec de l'argent, soit avec des cadeaux, ou des festins, ou des promesses de places.

Il n'y a rien de plus honteux que d'acheter des voix, sinon de vendre la sienne.

Voilà comment se font les **élections**. Toutes les précautions sont prises, et, du reste, presque toujours les choses se passent bien. Mais s'il en est autrement, et cela s'est vu quelquefois, quand la **Chambre des députés** est réunie, elle examine et elle **annule** les élections où il y a eu de la corruption*, des menaces ou des violences : c'est ce qu'on appelle l'**invalidation**.

Enfin, si l'on s'est trompé, si l'on a voté pour un mauvais député, ou si celui qui a été élu ne vous plaît pas, il ne faut pas trop se lamenter : il n'y a que patience à prendre.

CINQUIÈME LEÇON

LA CHAMBRE DES DÉPUTÉS. — LE SÉNAT.

L'élection n'est faite que pour quatre ans ; au bout de ce temps, c'est à recommencer ; il faut que les députés rendent compte de ce qu'ils ont fait à la Chambre, et si l'on n'est pas content d'eux, on en est quitte pour en nommer d'autres à leur place.

Mais en voilà assez pour l'élection à la **Chambre des députés**. Sachez seulement qu'il y a **557 députés**, dont **6** pour l'Algérie et **10** pour les colonies.

La Chambre des députés ne fait pas les **lois** à elle toute seule ; elles passent encore devant une autre Assemblée, qu'on appelle le **Sénat**. La nomination des **sénateurs** est bien autrement compliquée que celle des **députés**. Les sénateurs sont au nombre de **300**.

Il y en a d'abord **2** au moins pour chaque **département** de France ; quelques-uns en nomment 3, 4 et même 5 ; avec les 7 que nomment l'Algérie et les colonies, cela fait **225**. Les **75** autres sont élus par le **Sénat** lui-même, et cela, pour leur vie entière ; c'est pourquoi on les appelle **inamovibles**.

Les 225 sont élus pour **neuf ans**, et l'on a divisé les départements par tirage au sort en **trois séries**, qui font alternativement les élections; de manière qu'*il y a des élections sénatoriales, dans un tiers de la France, tous les trois ans.*

Je ne connais rien de plus compliqué que ces élections sénatoriales. Elles ne se font pas au suffrage universel comme celles des députés, et je suis un peu embarrassé pour vous les expliquer.

Il faut même que j'anticipe un peu sur une prochaine leçon, et que je vous dise, ce que vous savez peut-être déjà, du reste, qu'il y a, dans chaque commune, un **conseil municipal**, dans chaque arrondissement un **conseil d'arrondissement**, dans chaque département un **conseil général**. Tous les membres de ces conseils sont nommés par le **suffrage universel**.

Eh bien, voici quels sont les **électeurs sénatoriaux** d'un département : 1° les **députés**; 2° les **conseillers généraux**; 3° les **conseillers d'arrondissement**; 4° un **délégué** nommé par les **conseillers municipaux** de chaque **commune**, grande ou petite; ainsi **Paris n'a qu'un délégué**.

SIXIÈME LEÇON

L'ASSEMBLÉE NATIONALE. — COMMENT ON VOTE UNE LOI.

— Mais, monsieur...

— Mon enfant, je vois bien ce que vous allez dire. Mais je suis ici pour vous enseigner ce qui existe, et non pour le critiquer. Cependant, je dois vous dire que beaucoup de personnes trouvent cette égalité entre les grandes villes et les petits villages peu juste. Elles critiquent de même les **inamovibles**, disant qu'il ne faut pas nommer quelqu'un pour sa vie entière, qu'il faut toujours pouvoir surveiller les élus, que bien des gens changent en vieillissant.

Moi, je n'ai pas à vous donner d'opinion sur tout cela. *Quand vous serez électeurs, vous réfléchirez et vous ferez comme vous voudrez.* Seulement, il faut savoir que des changements de cette importance ne peuvent être opérés que par la **Chambre des députés et le Sénat réunis en Assemblée nationale.** Seule, l'**Assemblée nationale** peut, suivant l'expression légale, **reviser** la **Constitution;** car on appelle

La Chambre des députés

Constitution ces lois fondamentales, qui ont été établies en 1875.

Enfin, sachez qu'une loi n'existe et n'a de valeur que quand elle a été votée par les **deux Chambres.** Si l'une la refuse, quand bien même l'autre l'aurait adoptée à une immense majorité, il n'y a rien de fait.

Dans les Chambres, ou comme on dit encore, au **Parlement,** ce n'est pas comme ici, où moi je parle tout seul, et où vous, vous m'écoutez et prenez des notes. Il n'y a pas là, vous entendez bien, de maîtres ni d'élèves. *Tous les députés et tous les sénateurs sont égaux:* tous peuvent librement faire des **propositions,** parler pour les défendre, ou attaquer celles des autres, et, finalement, voter pour ou contre. Naturellement, ceux qui ont beaucoup de science et de talent sont plus écoutés que les autres ; mais cela n'empêche pas l'égalité.

SEPTIÈME LEÇON

TOUT LE MONDE DOIT OBÉIR A LA LOI, PUISQUE C'EST LA NATION ENTIÈRE QUI L'A FAITE.

— Quand une loi a été votée par les deux Chambres, on la **promulgue**, c'est-à-dire on la publie, et *il faut que tout le monde lui obéisse.*

Mais si elle est mauvaise, dites-vous ? — Et qui est-ce qui décidera si elle est mauvaise ? Vous la trouvez mauvaise, vous, mais les Chambres l'ont trouvée bonne, et sans doute aussi, la majorité des électeurs est de leur avis. Il faut lui obéir tout de même. Vous pouvez vous en plaindre, la critiquer même, mais respectueusement, et puis, quand le moment des élections viendra, demander au nouveau candidat à la députation de faire son possible pour la changer. Mais voilà tout.

Et de quel droit refuseriez-vous de lui obéir ? Il fut un temps en France où c'était le **roi** qui faisait la **loi**, à sa fantaisie ou suivant ses intérêts. On disait même : « *Si* (pour *ainsi*) *veut le Roy, si veut la loy* ». Ce n'était pas une fameuse raison, car la plupart des rois n'avaient guère de sagesse ni de science. En ces temps-là, on pouvait raisonnablement refuser d'obéir à une loi sortie de la cervelle d'un seul homme. On était même excusable souvent de faire des émeutes et des révolutions quand il n'y avait pas d'autre moyen de forcer le roi à être raisonnable.

Mais aujourd'hui, c'est tout le monde qui commande, *c'est la nation tout entière qui parle par le* **suffrage universel.** Contre qui se révolterait-on ? Contre la France ? Ce serait une trahison ! Si la loi est mauvaise, il n'y a qu'à le démontrer aux autres, puis il faut patienter, et attendre les élections nouvelles. Alors chaque citoyen prend son petit bout de papier blanc.

Inscrit un nom dessus et le met dans la boîte en bois ; on change ainsi les Chambres, qui changent la loi tout tranquillement, et cela vaut bien mieux que les *révolutions, qui coûtent du sang et de l'argent.*

Mais enfin, il faut toujours penser qu'il y a des gens qui n'y voient pas si loin que cela, ou qui se moquent de leur devoir, et qui refusent d'obéir aux lois. Il a bien fallu prendre ses précautions.

HUITIÈME LEÇON

LE GOUVERNEMENT.

— On a donc organisé un **Gouvernement** qui est chargé de faire exécuter les volontés des **Chambres,** qui sont les volontés de la **Nation.** Ce gouvernement se compose du **Président de la République** et des **Ministres.**

Le Président de la République est élu par l'**Assemblée nationale**, c'est-à-dire par la réunion des sénateurs et des députés. *Il est nommé pour sept ans.*

Il choisit un certain nombre de **ministres,** qui ont à s'occuper chacun d'une

M. Jules Grévy,
Président de la République française,
élu le 30 janvier 1879.

espèce d'affaires : il y a le ministre de l'**Instruction publique,** le ministre de la **Guerre,** etc.; je vous en reparlerai prochainement.

Ces ministres proposent des lois aux Chambres et disent leur opinion sur les lois que proposent directement les membres du Parlement. Puis, quand on a voté, *si la majorité n'est pas de leur avis, le président de la République en prend d'autres;* car vous entendez bien qu'il faut qu'ils soient d'accord avec les Chambres pour pouvoir faire exécuter leurs volontés. Les lois, c'est comme tous les outils : si l'on n'a pas confiance en eux, on s'en sert mal.

Quand la loi est votée, les ministres donnent des ordres à tous les **employés** qu'ils ont sous leur direction, et chacun veille à l'exécution de la loi pour la partie qui le regarde.

Si quelqu'un refuse d'obéir, *on le traduit devant les tribunaux*, et il est condamné. Non seulement on le force à obéir, mais il est encore puni par-dessus le marché, pour s'être révolté contre la **volonté nationale**, et il n'a que ce qu'il mérite.

Il faut donc toujours obéir à la loi; d'abord, parce **que cela est juste;** ensuite, parce que cela est prudent.

NEUVIÈME LEÇON

LE COUP D'ÉTAT. — CE QU'IL FAUDRAIT FAIRE ALORS.

— Et maintenant, je vous dis comme d'habitude : Avez-vous quelque chose à me demander?

— Monsieur, vous dites que le Président de la République est nommé pour sept ans; et au bout de ces sept années, qu'est-ce qui arrive?

— On le renomme, si l'on est content de lui. Sinon, il cède sa place à un autre.

— Ça doit être ennuyeux de céder sa place à un autre. Et s'il ne voulait pas s'en aller?

Ah! *il commettrait là un crime abominable.* Ce serait comme un locataire qui refuserait de quitter au bout de son bail et garderait de force la maison louée; il serait un véritable voleur. Ce crime-là, qu'on appelle un **coup d'État**, a été commis le **2 décembre 1851**, par **Louis-Napoléon Bonaparte**, alors *président de la République française.*

Et pourtant il n'était pas à la fin de son temps; mais il sentait bien qu'on était mécontent de lui et qu'on ne le renommerait pas : il a fait nuitamment mettre en prison les députés, puis arrêter ou assassiner tous ceux qui voulaient défendre la loi violée par lui. Et alors, chacun ayant peur, il s'est fait nommer **empereur.**

— Et qu'est-ce qu'il faudrait faire, monsieur, si un autre président de la République recommençait?

Le représentant du peuple Baudin meurt en défendant la loi.

— Il faudrait que chaque citoyen prît son fusil, que tout le monde se soulevât et qu'on arrêtât le misérable pour le faire juger.

— Je comprends bien, monsieur. Mais j'entendais raconter, l'autre jour, qu'en 1851 cela n'avait pas réussi de se soulever. On appelait **insurgés** ceux qui faisaient ce que vous dites. Et même beaucoup de gens de ce pays-ci ont été, à cause de cela, mis en prison ou envoyés en Afrique; il y en a même eu de fusillés.

— Oui, mon ami, le mari de Madame Duru a été assassiné comme cela; aussi, on a donné à cette pauvre femme une **pension** de 1,200 francs, car les Chambres ont décidé que ceux qui défendaient alors la loi avaient mérité une **récompense,** eux et leurs familles. Bien d'autres ont souffert ou sont morts. Mais cela ne fait rien, voyez-vous : *Il vaut mieux être tué en faisant son devoir que de vivre riche et puissant après avoir violé la loi et menti à tous ses serments,* comme **Louis Bonaparte.** Du reste, c'est dans leur sang, à ces Bonapartes. Le premier a fait au **18 brumaire*** ce que le second a fait au **2 décembre.** Tous deux ont mal fini, après d'effroyables et absurdes guerres, ayant épuisé la France d'hommes et d'argent. Espérons que nous ne reverrons plus de menteurs pareils à la tête de la République.

Du reste, aujourd'hui, si quelqu'un voulait recommencer encore, le peuple est instruit et a l'habitude de voter. On aurait bientôt fait de se soulever contre le criminel, et de lui mettre la main au collet.

Vous voilà renseigné, maître Pierre. Et vous, petit Paul, vous avez quelque chose à dire ?

DIXIÈME LEÇON

RÉPUBLIQUE. — MONARCHIE.

— Monsieur, vous ne nous parlez ni de **roi,** ni d'**empereur**; il n'y en a donc pas en **république ?**

— Allons, grands garçons, ne riez pas, et ne vous moquez pas de cet enfant. Vous auriez tort, d'ailleurs, car je pourrais vous montrer des pièces de monnaie sur lesquelles il y a écrit : *République française, Napoléon I*er, *empereur.* Mais c'était un mensonge de plus.

Non, mon petit Paul, il n'y a pas d'empereur ni de roi en République ; qu'y feraient-ils, et à quoi serviraient-ils ? C'est le **peuple** qui décide ce qu'il faut faire, et cela marche très bien ; or, eux, ils ont la prétention de savoir tout mieux que le peuple et d'avoir le droit de lui commander, comme s'ils étaient faits d'une autre pâte que lui.

Alors, vous comprenez, ou bien ils font ce que le peuple demande, ou bien ils refusent. Quand ils refusent, le peuple se fâche, et il y a des émeutes, des révolutions, du sang versé.

Quand ils obéissent, *ils ne servent à rien du tout*, et il vaut bien mieux avoir un **Président de la République,** qui s'en va d'ailleurs tous les sept ans ; tandis que le roi ou l'empereur a la prétention de rester là toute sa vie et même d'être remplacé par son fils, quand ce serait le dernier des imbéciles.

Et puis *cela coûte terriblement cher, un roi ou un empereur. Généralement, on les paye une* **trentaine de millions** par an. Savez-vous ce que cela fait, trente millions par an ? Non, vous ne vous en faites pas une idée. Eh bien, tenez, regardez-moi ; je tâte mon pouls, comme font les médecins, et je le sens battre : une, deux, trois, etc., 60 fois par minute. Si, à chaque coup, il tombait une pièce de vingt sous devant moi, cela ferait un joli tas au bout de la journée, n'est-ce pas ? Eh bien, retenez ceci : nous sommes aujourd'hui le 19 octobre ; s'il tombait ainsi devant moi, à chaque battement de mon pouls, une pièce de vingt sous, le 19 octobre prochain, au bout d'un an, cela ferait 31 millions et demi, à peu près **la solde annuelle d'un empereur.**

Non, un peuple libre, qui sait ce qu'il veut, et qui a le suffrage universel, n'a pas besoin de roi ni d'empereur. C'est sa volonté qui fait la loi, comme c'est justice.

Voilà, mes enfants, des choses bien sérieuses et un peu difficiles. Mais il n'y a rien de plus important. Et rappelez-vous bien ceci : *Tout le monde, depuis le Président de la République jusqu'au simple citoyen, doit* **obéir**

à la loi *issue du* **suffrage universel,** *parce qu'elle est la volonté de la* **France.**

ONZIÈME LEÇON

IL FAUT ÊTRE TOLÉRANT EN POLITIQUE.

— Voilà, mes enfants, comment la volonté du peuple, exprimée librement par le suffrage universel, nous a donné la **République.** C'est évidemment le gouvernement le plus juste, le plus sage, le plus pacifique et le plus économique de tous. Aussi, ceux-là mêmes auxquels il ne convenait pas tout d'abord ont fini par devenir presque tous républicains. Cela se voit bien aux élections qui, à chaque fois, envoient à la Chambre et au Sénat des républicains de plus en plus nombreux.

De plus, ceux qui restent monarchistes ne sont pas d'accord, les uns voulant un empereur, les autres un roi, sans trop savoir lequel.

— Mais, monsieur, comment permet-on cela ? Puisque la majorité du peuple veut la République, on devrait forcer les autres à être républicains.

— Croyez-vous, ami Jules, que cela soit si commode ? Comment faire pour forcer les gens à croire bon ce qu'ils jugent mauvais ? On pourrait peut-être les forcer à se taire, à dissimuler leur pensée. Mais ce serait une tyrannie inutile, car on ne prend pas les mouches avec du vinaigre, et *on ne se fait pas des amis avec des violences.*

Non, c'est un mauvais procédé. Je connais bien des gens encore, et dans ce pays même, qui ne sont pas républicains. Je tâche, quand ils me parlent politique, de leur montrer qu'ils ont tort ; mais jamais je ne me fâche contre eux.

Car, en somme, ces gens qui ne sont pas de notre avis croient, eux aussi, avoir raison. Ce sont de bons citoyens, comme nous, qui veulent, comme nous, le bonheur et la fortune de la Patrie. Mais ils se figurent que les citoyens ne sont pas capables de se conduire tout seuls, qu'ils ont besoin d'un maître pour les diriger. Ils ne sont pas payés pour dire cela : ils le pensent sincèrement. Si vous voulez les ramener à la vérité, il ne faut pas leur dire des choses dures ; mais il faut leur montrer que vous pouvez vous diriger vous-mêmes.

Je ne sais pas si, quand vous serez grands, il y aura encore des monarchistes. Mais je suis bien sûr qu'il y aura toujours des partis politiques qui se disputeront ferme : tout le monde ne peut pas être du même avis et voir les choses du même œil. Vous ferez comme les autres. Seulement, rappelez-vous bien les paroles de votre vieil instituteur : « *Pas de haine entre Français !* « *Gardez-la pour l'ennemi !* »

RÉSUMÉ

1. C'est le suffrage universel qui nomme les personnes chargées de faire les lois. C'est là ce qui constitue la souveraineté du peuple.

2. Tout citoyen français, âgé de 21 ans, et non indigne, est électeur.

3. La Chambre des députés est composée de 557 membres élus par le suffrage universel, à raison de un au moins par arrondissement ; il y en a en outre 16 pour l'Algérie et les colonies. Ils sont tous nommés pour 4 ans.

4. Du choix du député dépendent les lois. Il faut donc s'instruire pour être capable de choisir un bon député, et pour savoir ce qu'on lui demandera de faire quand il sera élu.

5. Le vote se fait au scrutin secret, sur un pa-

pier blanc préparé à l'avance ; ce papier ne doit porter aucun signe permettant de reconnaître celui qui l'a déposé.

Aucun individu armé ne peut entrer dans la salle du vote.

6. Quiconque menace un électeur ou veut le corrompre est sévèrement puni.

7. Rien de plus honteux que d'acheter les voix des électeurs, sinon de vendre la sienne.

8. Les sénateurs sont élus pour 9 ans dans chaque département, par les députés, les conseillers généraux, les conseillers d'arrondissement et un délégué de chaque conseil municipal ; tous ces électeurs sont eux-mêmes élus par le suffrage universel.

9. Les 225 sénateurs ainsi élus en nomment 75 autres à vie ; on appelle ces derniers inamovibles.

10. La revision de la Constitution, c'est-à-dire des lois fondamentales concernant le Président de la République, la Chambre et le Sénat, ne peut être faite que par l'Assemblée nationale composée des sénateurs et des députés réunis.

11. Une loi n'a de valeur qu'après avoir été votée par les deux Chambres.

12. Il faut obéir aux lois, même quand on les trouve mauvaises.

13. Quiconque se révolte contre la loi, se révolte contre la France : c'est un traître et un factieux.

14. Si l'on trouve une loi mauvaise, on peut la critiquer respectueusement et en demander le changement aux élections prochaines.

15. Le gouvernement est chargé de faire exécuter les lois. Il se compose du Président de la République et des ministres.

16. Le Président de la République est nommé par l'Assemblée nationale pour sept ans : il peut être réélu, si l'on est content de lui.

17. L'Assemblée nationale est composée des députés et des sénateurs réunis en congrès.

18. Les ministres sont choisis par le Président de la République. Ils proposent des lois, discutent les lois proposées par les sénateurs ou députés, et se retirent quand les Chambres ne sont pas de leur avis.

19. Si le Président de la République, non réélu au bout des sept ans, refusait de s'en aller, il commettrait un crime de haute trahison ; c'est ce qu'on appelle un coup d'État.

20. Les citoyens devraient alors refuser de lui obéir, s'armer, et le saisir pour le livrer à la justice.

21. Dans un pays où le peuple est souverain, et qui a le suffrage universel, un roi ou un empereur est ou inutile ou dangereux. Inutile s'il obéit au peuple ; dangereux s'il lui résiste. En tous cas, il est très coûteux.

22. Tout le monde, depuis le Président de la République jusqu'au simple citoyen, doit obéir à la loi issue du suffrage universel, parce qu'elle est la volonté de la France.

23. Il faut être tolérant pour ceux qui ne pensent pas comme nous en politique.

24. Pas de haine entre Français! Gardons-la pour l'ennemi!

EXERCICES ORAUX OU ÉCRITS.

1. Qui nomme les personnes chargées de faire les lois?
2. A quel âge est-on électeur?
3. Combien y a-t-il de députés et comment sont-ils nommés?
4. Quel est le devoir de tout électeur?
5. Comment se fait le vote ?
6. Est-il permis d'influencer le vote d'un électeur?
7. Que faut-il penser du candidat qui achète les voix des électeurs et de ceux-ci qui les lui vendent?
8. Pour combien de temps sont élus les sénateurs ? et par qui sont-ils élus ?
9. Qu'appelle-t-on sénateurs inamovibles?
10. Qu'est-ce que la revision de la Constitution et par qui peut-elle être faite ?
11. Que faut-il pour qu'une loi ait de la valeur ?
12. Faut-il obéir aux lois ?
13. Que faut-il penser de celui qui n'obéit pas à la loi?
14. Que peut-on faire si on trouve une loi mauvaise ?
15. Qui est-ce qui est chargé de faire exécuter les lois, et comment est composé le Gouvernement ? .
16. Par qui est nommé le Président de la République, et pour combien de temps est-il élu ?
17. Comment est composée l'Assemblée nationale ?
18. Par qui sont choisis les ministres, et que font-ils?
19. Qu'entend-on par un coup d'État?
20. Quel serait le devoir des citoyens s'il survenait un coup d'État?
21. Dans un pays de suffrage universel que peut être un roi ou un empereur?
22. Tout le monde doit-il obéir à la loi?
23. Comment faut-il se conduire dans les discussions politiques?

Devoirs de rédaction.

1. Expliquez comment vous comprenez le suffrage universel. — Parlez d'une opération électorale qui a eu lieu dans votre commune, et exposez comment le vote s'est accompli.

2. Montrez pourquoi un citoyen qui ne remplit pas son devoir d'électeur est doublement coupable : d'abord par son manque de civisme, puis par le résultat que sa négligence peut amener.

3. Ce que c'est que le Parlement ; comment il fonctionne. — Distinction entre le Gouvernement et le Parlement.

4. Vous venez de lire le récit du coup d'État du 2 décembre. Vous écrivez à l'un de vos amis et vous lui faites part de l'horreur que vous a inspirée ce crime. Vous lui faites comprendre comment un coup d'État n'est plus possible aujourd'hui.

Le ministère réuni en conseil.

CHAPITRE V

ÉTAT. — COMMUNES. — DÉPARTEMENTS. ADMINISTRATION.

PREMIÈRE LEÇON

LES MINISTRES.

— Aujourd'hui, mes enfants, il va falloir prendre beaucoup de notes. Ce que je vais vous dire ne sera pas amusant, mais très utile. Vous entendez continuellement parler autour de vous du **maire**, du **préfet**, du **procureur de la République**, du **percepteur**, de l'**ingénieur des ponts et chaussées**, et en général, comme on dit, des **fonctionnaires**. Il faut que vous sachiez quelles *fonctions* occupent toutes ces personnes, et quels sont en gros leurs **droits** et leurs **devoirs**.

Nous savons déjà qu'il y a des **ministres** choisis par le **Président de la République**, et chargés de veiller à l'exécution des lois, tant des lois anciennes que de celles qui ont été récemment votées par les Chambres. Ces ministres ont chacun sous ses ordres toute une armée d'employés, de fonctionnaires.

Il y a autant de ministères que de grands services publics. En voici la liste :

**Intérieur.—Instruction publique.—Cultes[1].
— Justice. — Guerre. — Marine. — Finances.
— Postes et Télégraphes. — Travaux publics. — Beaux-Arts. — Agriculture. — Commerce. — Colonies. — Affaires étrangères.**

Dans les affaires importantes, les ministres se réunissent et délibèrent en **Conseil des ministres.** On appelle quelquefois l'ensemble des ministres, le **Cabinet.**

DEUXIÈME LEÇON

LE DÉPARTEMENT. — LE CONSEIL GÉNÉRAL.

— Je commencerai par le **Ministère de l'intérieur,** parce que j'y trouverai l'occasion de vous dire comment sont dirigés ou, suivant l'expression officielle*, comment sont **administrés** les **départements** et les **communes.**

A la tête de chaque département se trouve un **préfet,** *et dans chaque arrondissement un* **sous-préfet.** Ces fonctionnaires sont nommés par le Président de la République. Le préfet veille d'une manière générale à l'exécution de toutes les lois, et renseigne le gouvernement sur tout ce qui se passe dans le département. De plus, il exécute les décisions du **Conseil général.**

Il y a un Conseil général par département. Ses membres sont nommés pour six ans par le suffrage universel, à raison de un par canton ; ils se renouvellent par moitié, et par conséquent tous les trois ans il y a des élections pour le Conseil général, dans la moitié du département.

Le Conseil général est une espèce de petite Chambre des députés, qui discute et vote librement et publiquement certaines décisions intéressant le département. Il vote les dépenses nécessaires à l'entretien des **chemins vici-**

1. Les Cultes, les Beaux-Arts et les Colonies sont rattachés tantôt à un ministère, tantôt à un autre.

naux et des bâtiments qu'on appelle **bâtiments départementaux :** préfecture, sous-préfectures, palais de justice, écoles normales primaires, casernes de gendarmerie, etc., et pour le payement de divers employés. Les impôts qu'il établit sont tous des impôts di-

Le Conseil général.

rects ; on les appelle les **centimes départementaux,** parce qu'ils consistent en centimes ajoutés à chaque franc de contributions directes perçu pour le compte de l'**État,** c'est-à-dire pour les services généraux de la France tout entière.

TROISIÈME LEÇON

LA COMMUNE. — LE CONSEIL MUNICIPAL.

— Chaque **commune** est administrée par un **Conseil municipal,** nommé, lui aussi, par le suffrage universel. Les conseillers sont nommés pour trois ans ; leur nombre varie suivant la population de la commune ; dans les plus petites, ils sont dix ; il y en a quatre-vingts à Paris.

Le Conseil municipal discute et décide sur toutes les questions intéressant la commune. Il vote les fonds nécessaires pour l'entretien des **rues**, des **chemins**, pour l'acquisition, la construction et l'entretien des **édifices communaux**, comme la mairie, les écoles, les églises, les cimetières, les lavoirs, pour l'embellissement de la ville, l'éclairage, les eaux, etc. Il peut pour cela établir un impôt indirect qu'on appelle l'**octroi**, et par lequel on fait payer une certaine somme aux marchandises et aux denrées qui entrent dans la commune : c'est un impôt que beaucoup de personnes ne trouvent ni bien réparti, ni bien juste, comme je vous l'ai expliqué. Il peut aussi, à la façon du Conseil général, établir des **centimes communaux** sur les impôts directs. Tenez, voici le papier, ou, comme on dit, le **bordereau de contributions** que le **percepteur** m'a envoyé pour les biens que je possède dans cette commune. Je paie en tout, vous le voyez, 58 francs de contributions; et vous lisez dans ces trois colonnes que là-dessus il y en a : **32** pour l'État; **6** pour le département, et **20** pour la commune. C'est ce qui correspond aux centimes départementaux et aux centimes communaux.

Il se trouve que l'oncle de François qui habite la commune d'à côté paie aussi 58 francs de contributions : je lui ai demandé son bordereau pour vous le montrer. Vous voyez que là-dessus il ne paie que 16 francs à l'État, et 3 au département, mais qu'il en paie 39 pour la commune. C'est parce que cette commune était en retard, n'avait ni chemins, ni maison d'école, et qu'il a fallu beaucoup dépenser ces années dernières, et emprunter de l'argent pour payer. Les 39 francs sont pour l'intérêt de cet argent. C'est le Conseil municipal qui a décidé ces travaux et cet emprunt.

Ainsi, vous le voyez, l'**impôt communal**, l'**impôt départemental**, et l'**impôt d'État** qui doit servir à entretenir l'armée et les grands travaux publics, *sont toujours votés par des élus du suffrage universel.*

Pour veiller à l'exécution de ses décisions, le Conseil municipal nomme un **maire** et un ou plusieurs adjoints, selon l'importance de la commune.

Le maire est un **officier de l'état civil**, c'est-à-dire qu'il tient les registres où sont inscrits les **naissances**, les **mariages** et les **décès**. C'est devant lui qu'on se marie.

Il n'y a pas de conseil de canton. Il y a bien un **Conseil d'arrondissement,** nommé au suffrage universel; mais il ne peut émettre que des **vœux**, ne vote aucun impôt et n'a par conséquent pas grande importance.

A côté du préfet, se trouve un **Conseil de préfecture,** sorte de tribunal qui juge les contestations entre l'État et les particuliers, et spécialement les réclamations en matière d'impôts.

On va en appel des conseils de préfecture au **Conseil d'État,** qui siège à Paris, et qui joue, en beaucoup de matières, un rôle très important.

Outre les préfets et sous-préfets, le ministre de l'intérieur a sous sa direction l'**Assistance publique,** c'est-à-dire les **hôpitaux** de malades, les **hospices** de vieillards ou d'aliénés, la **police**, les **prisons** et quantité d'autres services.

QUATRIÈME LEÇON

LE MINISTÈRE DE L'INSTRUCTION PUBLIQUE.

— Le **Ministre de l'instruction publique** dirige les trois ordres de l'enseignement public. Car il y a trois ordres d'enseignement. D'abord l'**enseignement primaire,** comprenant les *écoles maternelles*, les *écoles primaires*, les *écoles primaires supérieures*, les *écoles normales primaires*. Puis l'**enseignement secondaire,** qui se donne dans les *collèges communaux*, dans les *lycées*, et aussi dans certaines institutions libres. Enfin l'**enseignement supérieur,** qu'on donne dans les *Facultés* des *lettres*, des *sciences*, de *médecine* et de *droit*.

A la fin des classes de l'enseignement primaire, on peut obtenir, après un examen auquel je ne saurais trop vous engager à vous présenter, le **certificat d'études primaires.**

De même, les élèves de l'enseignement secondaire essayent d'être admis aux examens des **baccalauréats.**

L'examen du certificat d'études primaires.

Enfin les Facultés, où l'on ne peut être élève que si l'on est déjà **bachelier,** donnent les grades de la **licence** et du **doctorat;** c'est ainsi qu'il y a, par exemple, des *bacheliers ès lettres*, des *licenciés ès lettres* et des *docteurs ès lettres ;* comme il y a également des *bacheliers ès sciences*, des *licenciés ès sciences* et des *docteurs ès sciences.*

Tous ces grades sont très utiles dans la vie, il y a bien des professions où l'on ne peut entrer, des fonctions qu'on ne peut occuper, si on ne les possède pas. Mais le principal c'est l'**instruction primaire;** sans elle on n'est que la moitié d'un homme et d'un citoyen. Est-ce un citoyen tout entier, celui qui ne peut même pas lire la profession de foi d'un candidat, ni inscrire son nom sur un bulletin de vote? Est-ce un homme tout entier, celui qui, s'il est commerçant ou industriel, ne peut tenir de livres de comptes, ni, s'il est agriculteur, lire le prix des denrées dans le journal? qui, s'il tombe malade, ou pendant le mauvais temps et les longues soirées

L'examen du doctorat ès sciences.

d'hiver, ne sait comment employer son temps, ne sait pas se distraire et ne peut pas s'instruire. L'**instruction primaire** que je vous donne ici, à l'**école**, n'est pas tout, tant s'en faut, mais c'est un commencement; elle vous donne envie d'aller plus loin, et vous permet de devenir de **vrais citoyens.**

Aussi, *le* **gouvernement de la République,** *qui a intérêt à avoir des citoyens instruits et capables,* tandis que les **rois** n'ont intérêt à avoir que des sujets obéissants, *a décidé, en* 1881, *que* l'**instruction primaire** *serait* **gratuite,** *dans toutes les écoles publiques de France, et en 1882 qu'elle serait* **obligatoire** *pour tous les petits Français.* C'est un grand bienfait et c'est justice.

CINQUIÈME LEÇON

ENSEIGNEMENT SECONDAIRE. — ENSEIGNEMENT SUPÉRIEUR.

— Pour l'**enseignement secondaire**, ce ne peut pas être la même chose. Il ne peut pas y avoir un **collège** dans chaque commune; il faut donc que les enfants s'en aillent à la ville et habitent soit au collège, soit dans des pensions, soit chez des amis. Dans l'un et l'autre cas il faut payer, et pendant longtemps, puisque l'on n'est guère **bachelier** avant seize ou dix-sept ans. L'État peut bien donner l'instruction pour rien à tout le monde, mais non le vivre et le couvert, cela coûterait trop cher.

Alors, aux enfants très travailleurs et très intelligents, mais qui ne sont pas riches, on donne des **bourses**, qui leur permettent d'être élevés gratuitement aux frais de l'État; mais à eux seuls, c'est-à-dire à ceux qui ont passé certains **examens**, et encore pas à tous.

C'est de cette façon-là qu'Henri Roger, le fils du boulanger, est entré au collège, puis à l'**École normale supérieure**, d'où il sortira l'année prochaine **professeur** dans un **lycée**; c'est ainsi que, il y a bien plus longtemps, Ernest Fauche, l'enfant trouvé, est arrivé à l'**École polytechnique**, et est devenu chef d'escadron d'artillerie. Roger était un de mes meilleurs élèves dans cette école, et Fauche un des meilleurs élèves de mon prédécesseur, qui en était très fier avec raison.

Travaillez, et vous arriverez comme eux, et plus facilement, car la République a augmenté beaucoup le nombre des **bourses**, et l'on en obtient une bien plus facilement qu'autrefois. Il est vrai qu'il y a bien plus de jeunes gens qui en demandent, parce que chacun sent aujourd'hui le besoin de s'instruire. Mais avec du courage et de l'intelligence on peut toujours y arriver.

Dans l'**enseignement supérieur**, les cours sont

publics et gratuits. Seulement, pour passer les examens, il faut payer certains droits.

Il y a encore d'autres établissements d'instruction qui sont sous les ordres du ministre de l'instruction publique : le **Collège de France**, le **Muséum d'histoire naturelle**, les **observatoires d'astronomie**, de **météorologie**, les **bibliothèques publiques**.

SIXIÈME LEÇON

LES CULTES.

— Le Ministre des **cultes** paie et surveille les **prêtres** des **trois cultes reconnus** en France : le culte **catholique**, le culte **protestant**, le culte **israélite**.

Vous savez que le culte catholique a pour chef suprême le **Pape**, qui réside à **Rome**. Puis viennent les **archevêques** et **évêques** qui administrent un **diocèse**, puis les **curés** qui administrent une **paroisse**, avec l'aide de **vicaires** et de **desservants**. Ainsi, dans notre village, le prêtre que nous appelons tous *monsieur le Curé* est simplement un desservant. Le curé de la paroisse habite au chef-lieu de notre canton.

En 1802, le pape a signé, d'accord avec le **premier consul Bonaparte**, un traité ou **Concordat** d'après lequel il devait y avoir en France **10 archevêchés, 50 évêchés**, et une **cure** au moins par **justice de paix**. L'État s'engageait à assurer un traitement aux archevêques, aux évêques et aux curés, mais non aux vicaires et aux desservants

Par rapport au culte catholique, le ministre des cultes veille à l'exécution du Concordat. C'est lui qui **nomme** les archevêques et évêques, et qui **agrée** les personnes que ceux-ci désignent pour occuper les cures.

Par rapport aux autres cultes, le ministre a des droits

analogues ; mais cette étude nous entraînerait trop loin. Sachez seulement qu'on appelle **pasteurs** les prêtres protestants, et **rabbins** les prêtres israélites.

SEPTIÈME LEÇON

LE MINISTÈRE DE LA JUSTICE.

— La **Justice** est rendue, nous le savons, par les **juges de paix**, par les **tribunaux civils** et **correctionnels**, par les **cours d'appel**, les **cours d'assises** et la **Cour de cassation**.

Il y a un juge de paix par canton, un tribunal civil et correctionnel par arrondissement, une cour d'assises par département, et la Cour de cassation, qui, comme je vous l'ai dit, est unique, et siège à Paris. Quant aux cours d'appel, elles sont au nombre de **26**, réparties dans les plus grandes villes de France.

Les membres des cours d'appel et de cassation se nomment **conseillers**, ceux des tribunaux, **juges**. Ces **magistrats** sont nommés par le Président de la République ; et une fois nommés, on ne peut ni les destituer, ni les changer de résidence, à moins qu'ils ne commettent de véritables crimes : c'est ce qu'on appelle l'**inamovibilité**.

Il y a des personnes qui disent que cette inamovibilité est indispensable, parce qu'un juge, pour rendre vraiment la justice, doit être tout à fait libre, et ne pas craindre de déplaire au gouvernement et d'être destitué. D'autres regrettent qu'on ne puisse pas renvoyer un juge qui rend mal la justice, ou qui est devenu incapable ou même peu honnête.

Moi, je n'ai pas d'opinion à vous donner ici. Je vous dirai seulement que les juges de paix ne sont pas inamovibles, ni les juges et conseillers des tribunaux et cours de l'Algérie, ni les juges de commerce.

Quand un crime ou un délit a été commis, l'affaire est

étudiée par des magistrats particuliers, non inamovibles, qu'on désigne sous le nom de **ministère public.**

Auprès de chaque tribunal, cette fonction est remplie par un **procureur de la République,** aidé de plusieurs **substituts.**

Devant chaque cour, il y a un **procureur général,** des **avocats généraux** et des **substituts.** Ces magistrats non seulement étudient les crimes, mais portent la

Procureur de la République.

parole pour soutenir les accusations. On les appelle quelquefois, à cause de cela, **magistrature debout,** les juges et conseillers étant nommés **magistrature assise.**

HUITIÈME LEÇON

LE MINISTÈRE DE LA GUERRE. — LE MINISTÈRE DE LA MARINE.

— Je vous ai déjà dit comment sont organisées l'armée de terre et l'armée de mer. Je ne vous parlerai donc pas davantage des ministères de la Guerre et de la Marine.

Je veux cependant vous dire que notre **armée active** comprend 144 régiments d'infanterie, 77 de cavalerie, 38 d'artillerie, 4 de génie, 30 bataillons de chasseurs à pied, 11 régiments d'armes diverses. L'**armée territoriale** est divisée en 145 régiments d'infanterie, 79 escadrons de cavalerie, 38 batteries d'artillerie, 9 bataillons de zouaves et 5 de chasseurs. Cela fait, pour l'armée active seulement, un total de 1,200,000 hommes, en comptant la réserve.

Nous avons à la mer des vaisseaux, frégates et corvettes cuirassés, c'est-à-dire protégés par des bandes de fer contre les boulets de l'ennemi, et une grande quantité de navires en bois de toutes dimensions.

Le Ministre de la guerre a, sous sa direction, deux grandes écoles : l'**École de Saint-Cyr**, où se forment les officiers d'infanterie et de cavalerie ; l'**École polytechnique**, où se forment les officiers de génie et d'artillerie, en même temps que des fonctionnaires pour d'autres ministères. Le Ministre de la marine recrute la plupart de ses officiers à l'**École navale** de Brest.

Éleve de l'École polytechnique.

NEUVIÈME LEÇON
LE MINISTÈRE DES FINANCES.

— Le **Ministre des finances** est chargé de recueillir tous les impôts perçus pour le compte de l'État, et de tenir la caisse où tous les autres ministères viennent chercher l'argent nécessaire à leurs divers services.

Cette caisse s'appelle le **Trésor.**

Les **impôts directs** sont, nous le savons déjà, reçus par les **percepteurs** ; il y en a au moins un par canton. Ils remettent leur argent aux **receveurs particuliers** qui siègent à chaque chef-lieu d'arrondissement, et tout arrive au **trésorier-payeur général** du département, qui envoie les sommes au **ministre.**

Pour les **impôts indirects** c'est très compliqué. Il y a un **directeur des contributions indirectes** par département ; il dirige et surveille quantité d'employés nommés **receveurs, inspecteurs, contrôleurs.**

A côté de lui se trouve un **directeur de l'enregis-**

trement, qui a aussi des employés nombreux, et qui perçoit de l'argent pour toutes les ventes, locations, héritages*. Il y a aussi les **douanes***, le **timbre***, les **hypothèques***; mais vous pourrez apprendre tout cela plus tard.

Tous les impôts touchés sont soigneusement inscrits sur des registres souvent vérifiés par les chefs, et on

L'inspecteur des finances vérifiant les livres et la caisse du percepteur.

donne des **reçus** à tous les citoyens, à tous les **contribuables,** comme on dit, qui paient leurs contributions, de manière qu'on ne peut être exposé à payer deux fois.

Des **inspecteurs généraux des finances** surveillent tout ce personnel.

Voilà pour les **recettes.**

Pour les **dépenses,** il y a tout autant de précautions prises. Quand un individu a fourni quelque chose à l'**État,** et que la marchandise a été acceptée comme bonne, il présente un **mémoire** qui est examiné par des employés particuliers. Quand il est reconnu juste, le préfet ou le ministre, cela dépend des cas, délivre au fournisseur un **mandat de paiement,** avec lequel il va toucher ce qui lui est dû à la caisse du percepteur, ou du receveur, ou du trésorier-payeur général, et il en donne un reçu. Pour le **traitement** d'un **fonctionnaire,** c'est la même chose.

Ainsi, il faut que toutes les dépenses soient justifiées par des reçus. *Personne ne peut donc disposer à sa fantaisie des contributions, des* **deniers de l'État,** comme on dit souvent. Il y aurait d'ailleurs des peines très fortes contre ceux qui essayeraient de tromper, car vous entendez bien qu'il peut se trouver quelques malhonnêtes gens dans un personnel si nombreux.

Enfin, il y a la **Cour des comptes,** comme je vous l'ai déjà dit, qui vérifie souverainement toutes les recettes et toutes les dépenses.

DIXIÈME LEÇON

LE MINISTÈRE DES TRAVAUX PUBLICS. — LE MINISTÈRE DES POSTES ET TÉLÉGRAPHES.

— Le **Ministre des travaux publics** a sous ses ordres des **ingénieurs des ponts et chaussées,** qui dirigent la confection et l'entretien des routes, des canaux, des ports, et des **ingénieurs des mines,** qui surveillent l'exploitation des mines de métaux ou de houille, et des carrières.

Il a aussi une certaine autorité sur les chemins de fer qui appartiennent presque tous à des **compagnies,** c'est-à-dire à des particuliers. Ceux qui appartiennent à l'**État** sont naturellement dirigés par le ministre.

La plupart des ingénieurs sortent de l'**École polytechnique** et ont passé ensuite deux années soit à l'**École des ponts et chaussées,** soit à l'**École des mines.**

Au-dessous des **ingénieurs** des ponts et chaussées, se trouvent des **conducteurs,** puis des **piqueurs** et des **cantonniers.**

Je vois qu'Henri, dont le père est **agent voyer**, a l'air étonné que je ne parle pas de ces fonctionnaires. J'allais vous en dire un mot ; mais j'attendais, parce que ce ne sont pas des fonctionnaires de l'État, mais bien du département.

Il y a dans chaque département un **agent voyer-chef**, des **agents voyers d'arrondissement** et des **agents voyers cantonaux**. Ils sont chargés de la construction et de l'entretien des chemins vicinaux, et payés par les départements.

Le **Ministre des postes et télégraphes** s'occupe du transport des lettres et de l'envoi des dépêches télégraphiques. C'est un service dont l'importance grandit rapidement ; au fur et à mesure que l'instruction se développe, on écrit plus de lettres et on reçoit plus de journaux. Ce ministère est le seul, avec celui de l'Instruction publique, qui compte des femmes parmi ses employés.

ONZIÈME LEÇON

MINISTÈRES DE L'AGRICULTURE, — DU COMMERCE, — DES COLONIES, — DES BEAUX-ARTS.

— Le **Ministère de l'agriculture** veille aux intérêts généraux de l'agriculture. Il a des écoles où l'on peut apprendre la théorie et la pratique de cette science si difficile et que tout le monde croit savoir. A Paris, est établi l'**Institut agronomique** ; à Grignon, à Montpellier, des **écoles supérieures** ; il y a des **écoles élémentaires** dans un grand nombre de départements. De plus, à Alfort, Lyon et Toulouse, l'État entretient des écoles où des jeunes gens apprennent la **médecine vétérinaire**.

Le ministère organise des **concours agricoles** où chacun amène les plus beaux bestiaux, les plus beaux produits du sol, les machines les plus perfectionnées. Ces concours sont très utiles pour l'instruction de tous.

Aussi, à côté de ceux qu'a établis l'Etat, on en voit beaucoup d'autres organisés par des **sociétés d'agriculture** et des **comices agricoles**.

Une partie très importante du ministère de l'agriculture, c'est l'administration des **forêts de l'État**. La nation possède en effet une étendue immense de forêts répandues sur tous les points du territoire. Les fonctionnaires chargés de cette surveillance apprennent leur profession à l'**École forestière** de Nancy, où l'on entre au **concours**, comme à Saint-Cyr, à l'École polytechnique, à l'Institut agronomique et aux Écoles d'agriculture.

Le **Ministre du commerce** s'occupe des intérêts du commerce et de l'industrie. Le **Conservatoire des arts et métiers** de Paris, qui est à la fois une école et un musée, et les **Écoles d'arts et métiers** d'Aix, Angers, Châlons, Nevers, sont sous ses ordres.

Le **Ministre des colonies** administre les **colonies**, c'est-à-dire toutes les possessions de la France outre-mer, à l'exception de l'Algérie.

L'**Algérie**, elle, a à sa tête un **gouverneur général** qui dépend du ministère de l'intérieur, et elle est divisée en trois départements.

Le **Ministre des Beaux-arts** a sous sa direction les Beaux-arts. On désigne sous ce nom la **peinture**, la **sculpture**, l'**architecture**, la **musique**, les **théâtres**.

Il y a à Paris une **École des Beaux-arts**, où l'on donne gratuitement l'instruction aux jeunes gens qui ont du goût pour la peinture, la sculpture et l'architecture; et un **Conservatoire de musique et de déclamation** qui joue le même rôle pour la musique et les théâtres.

L'**État** possède même certains **théâtres**, et des **musées** où l'on rassemble le plus qu'on peut de chefs-d'œuvre en tableaux, gravures, statues.

Pour les œuvres d'architecture, qui sont des bâtiments,

il ne peut être question de les mettre dans une salle. Aussi les vrais musées d'architecture, ce sont les monuments, les cathédrales et les palais qui appartiennent à la nation.

DOUZIÈME LEÇON

MINISTÈRE DES AFFAIRES ÉTRANGÈRES.

— Enfin, le **Ministre des affaires étrangères** veille sur nos relations avec tous les peuples du monde. Si nos compatriotes ont des difficultés dans les pays étrangers il prend leur défense.

Pour être renseigné, il a sous ses ordres des **agents diplomatiques** qui habitent la capitale des nations étrangères. On les appelle **ambassadeurs** quand il s'agit d'une grande nation comme l'Angleterre, l'Italie, les États-Unis, la Russie, etc., ou **ministres plénipotentiaires**, quand le pays est moins important.

Sous leurs ordres se trouvent des consuls, qui résident dans presque toutes les villes importantes du pays, et veillent particulièrement aux intérêts de nos nationaux*.

Naturellement, chaque nation, a, à son tour, un représentant, ambassadeur ou chargé d'affaires, qui habite Paris, et des consuls dans les villes où résident un certain nombre de gens du pays.

Supposons qu'il arrive une difficulté, et que, par exemple, un Français soit maltraité ou pillé au Brésil, notre ambassadeur à Rio-de-Janeiro va trouver le ministre des affaires étrangères Brésilien, lui expose les faits, et il obtient satisfaction le plus souvent. Sinon, il avertit notre Ministre des affaires étrangères, qui intervient auprès de son collègue du Brésil, et dans l'immense majorité des cas l'affaire s'arrange et justice est faite. Mais si le gouvernement étranger se montre tout à fait déraisonnable, alors on se fâche et il peut arriver que la guerre soit déclarée. Ainsi, en 1831, l'amiral Roussin, à la tête d'une flottille de guerre, est allé menacer de bombarder Lisbonne, parce que le gouvernement Portugais n'avait pas voulu indemniser des Français qui avaient été maltraités dans ce pays-là.

Quand c'est l'agent diplomatique qui est insulté, la chose est bien plus grave encore, comme vous pensez. En 1827, le dey d'Alger a donné un coup d'éventail à notre consul ; cela a fini par la prise d'Alger, où nos soldats entrèrent en 1830.

En 1827, le dey d'Alger a donné un coup d'éventail à notre consul.

Et cela est justice. *Quiconque insulte le représentant de la France, ou refuse de rendre justice à un Français après l'avoir maltraité, insulte la France.* C'est comme si l'on arrachait le drapeau d'un régiment pour le traîner dans la boue. Cela ne peut pas se passer tranquillement. Autrement il n'y aurait à l'étranger aucune sûreté pour nos compatriotes, et tout le monde se moquerait de nous et nous insulterait.

Naturellement, nous devons chez nous, aux étrangers, le respect et la justice que nous exigeons, chez eux, pour les Français.

Si vous allez dans les grandes villes et surtout dans les ports, vous y verrez des drapeaux étrangers sur des maisons où il est écrit : **Consulat d'Espagne, Consulat de Belgique,** etc.

Ces maisons doivent être sacrées pour tout le monde ; y toucher, c'est risquer d'avoir la guerre avec ces nations, et une guerre injuste de notre côté. De même, à l'étranger, la maison sur laquelle flotte le drapeau tricolore est terre de France. Les Français sont là chez eux, et personne ne se permettrait de les y poursuivre et de les y maltraiter.

TREIZIÈME LEÇON

LES TROIS ESPÈCES D'ADMINISTRATIONS. — COMMUNES. — DÉPARTEMENTS. — ÉTAT.

— Vous voyez, mes enfants, qu'il y a, en définitive, trois espèces d'administrations ; la **Commune,** administrée par le **Conseil municipal** dont le **Maire** exécute les volontés ; le **Département,** administré par le **Conseil général,** dont le **Préfet** exécute les volontés ; l'**État,** administré par le **Parlement,** dont le **Gouvernement** exécute les volontés.

Le Conseil municipal, le Conseil général, le Parlement sont nommés par le **suffrage universel ;** cela est vrai même pour le Sénat, puisque les électeurs sénatoriaux sont déjà des élus du suffrage universel. Chacun de ces corps peut voter des impôts, et eux seuls le peuvent.

Le **Conseil municipal** décide, nous l'avons vu, ce qui touche aux intérêts de la commune. Mais il n'est pas souverain ; il a paru dangereux de laisser pleins pouvoirs à une assemblée qui, dans les petites communes, n'est pas toujours composée de gens assez instruits.

Aussi les délibérations du conseil municipal doivent, dans beaucoup de cas, être approuvées par le préfet, et quelques-unes même, par le Parlement.

Le **Conseil général** a plus d'autorité et décide souverainement sur la plupart des questions d'intérêt départemental. Cependant ses délibérations peuvent, si elles sont contraires à la loi, être annulées par le Conseil d'État; et pour les grosses dépenses il faut l'autorisation du Parlement.

Mais **le Parlement est souverain,** car personne n'est au-dessus de lui. Il y a cependant des choses qu'il ne peut pas faire. Ainsi, quand les tribunaux ont donné raison à quelqu'un, le Parlement ne pourrait pas lui donner tort. De même, le Parlement ne pourrait pas se refuser à payer les traitements ou les retraites des employés, ou les dettes de l'État.

Je ne saurais trop insister sur ces trois degrés: **Commune, Département, État**; chacun a son rôle et son pouvoir.

Je vous ai dit ceux de la commune et ceux du département. A l'État, les grands intérêts généraux du pays: l'instruction publique, qui forme les citoyens; l'armée qui protège les frontières; la justice qui est la sauvegarde des intérêts de tous et de la tranquillité publique; les grands travaux publics qui sont une source de fortune pour le pays, les relations avec les nations étrangères qui garantissent la paix et l'honneur de la patrie; les finances qui donnent le moyen de subvenir à toutes les dépenses.

J'espère que vous avez bien compris. Tâchez de retenir tous ces détails, qui sont assez nombreux, mais que tout citoyen doit nécessairement connaître. Nous allons maintenant passer à des choses plus intéressantes.

RÉSUMÉ.

1. Il y a autant de ministères que de grands services publics; rappelez-vous le nom de chacun: Intérieur, Instruction publique, Cultes, Justice, Guerre, Marine, Finances, Postes et télégraphes, Travaux publics, Agriculture,

Commerce, Colonies, Beaux-arts, Affaires étrangères.

2. Chaque département est administré par un préfet, chaque arrondissement par un sous-préfet, et chaque commune par un maire.

3. Dans chaque département existe un conseil général dont les membres sont nommés pour six ans par le suffrage universel, à raison de un par canton.

Le Conseil général décide des dépenses d'intérêt départemental, et vote des impôts directs, sous forme de centimes additionnels au principal des quatre contributions directes.

4. Dans chaque commune existe un conseil municipal, dont les membres, en nombre variable, sont nommés pour trois ans, par le suffrage universel.

Le conseil municipal décide les dépenses d'intérêt communal et vote des impôts directs (centimes communaux), et indirects (octroi).

5. Il y a trois degrés d'enseignement : primaire (écoles), secondaire (collèges et lycées), supérieur (facultés).

Il y a quatre diplômes principaux: certificat d'études primaires, baccalauréat, licence, doctorat.

6. L'instruction primaire est absolument gratuite. Pour les enfants pauvres très intelligents on rend l'enseignement secondaire gratuit par des bourses.

L'instruction primaire est obligatoire.

7. Il y a trois cultes reconnus en France : catholique, protestant, israélite.

Les relations du culte catholique avec l'État sont réglées par le Concordat de 1802.

Les archevêques, évêques et curés sont payés, en vertu du Concordat, sur le budget de l'État.

8. Il y a un juge de paix par canton, un tribunal par arrondissement, une cour d'assises par département, 26 cours d'appel, une cour de cassation.

Les juges et les conseillers sont inamovibles, sauf les juges de paix et les magistrats algériens.

9. A côté des magistrats assis sont les magistrats debout, le parquet (procureur général, procureur de la République, substituts). Ce sont ceux qui poursuivent les accusés devant les cours et tribunaux.

10. Les officiers des armées de terre et de mer se recrutent en grande partie à l'école polytechnique, à l'école de St-Cyr et à l'école navale.

11. Il y a, pour la perception des impôts directs, au moins un percepteur par canton, avec un receveur par arrondissement et un trésorier-payeur général par département.

Les impôts indirects sont centralisés dans chaque département par un directeur des contributions indirectes, un directeur d'enregistrement, etc.

12. On donne des reçus aux contribuables, qui ne peuvent ainsi payer deux fois.

Les comptes sont vérifiés par la Cour des comptes.

13. Les travaux publics sont exécutés, entretenus et surveillés par des ingénieurs des ponts et chaussées, et par des ingénieurs des mines.

Les chemins départementaux sont construits par des agents voyers.

14. Le ministre de l'agriculture a sous sa direction des écoles d'agriculture, des écoles vé érinaires, des concours agricoles, et l'admistration des forêts de l'État.

15. Le service des beaux-arts comprend des écoles (École des beaux-arts, Conservatoire de musique), des théâtres, des musées, des monuments publics.

16. L'État entretient auprès du gouvernement de chaque nation un agent diplomatique, et dans toutes les villes étrangères importantes un agent consulaire.

Le rôle de ces agents est de renseigner le gouvernement français et de protéger nos nationaux.

La maison d'un agent diplomatique et consulaire doit toujours être respectée.

L'insulte à un de ces agents est une insulte à la nation, et doit obtenir réparation ou vengeance.

17. Tous les impôts (municipaux, départementaux, nationaux) sont votés par des élus du suffrage universel.

18. Le conseil municipal veille aux intérêts communaux, le conseil général aux intérêts départementaux, le Parlement aux intérêts nationaux ou de l'État.

Ainsi l'instruction publique, l'armée, la justice, les grands travaux publics, les relations extérieures, les finances, sont affaires de l'État.

EXERCICES ORAUX OU ÉCRITS.

1. Combien y a-t-il de ministères et quels sont-ils ?
2. Par qui est administré chaque département, chaque arrondissement, chaque commune ?

3. Qu'est-ce qu'un conseil général? comment est-il nommé et que fait-il?

4. Comment s'appelle l'assemblée communale et comment est-elle nommée? — Quelles sont ses attributions?

5. Combien y a-t-il de degrés d'enseignement et quels sont-ils? — Combien y a-t-il de diplômes principaux et quels sont-ils?

6. Que paie-t-on pour l'instruction primaire et que fait-on pour les enfants pauvres très intelligents?

7. Combien y a-t-il de cultes reconnus en France et quels sont-ils? — Par quoi sont réglées les relations du culte catholique avec l'État? — Qui paie les archevêques, évêques et curés?

8. Nommez les différentes espèces de tribunaux. — Quels sont les magistrats qui sont inamovibles?

9. Qu'entend-on par magistrats *debout* et que font-ils?

10. Où se recrutent les officiers des armées de terre et de mer?

11. Qui est-ce qui perçoit les *impôts directs?* — Comment sont centralisés les *impôts indirects?*

12. Pourquoi donne-t-on des reçus aux contribuables? — Par qui sont vérifiés les comptes?

13. Par qui sont exécutés les travaux publics? — Par qui les chemins départementaux sont-ils construits?

14. Quelles sont les écoles et administrations placées sous la direction du ministre de l'agriculture?

15. Qu'y a-t-il sous la direction du ministre des beaux-arts?

16. Que fait l'État pour savoir ce qui se passe à l'étranger?

17. Par qui sont votés tous les impôts?

18. Que fait le conseil municipal, le conseil général, le Parlement? — De qui dépendent l'instruction publique, les cultes, l'armée, la justice?

Devoirs de rédaction.

1. Faites la distinction entre l'administration et les corps élus d'un département. Parlez d'abord des administrateurs (préfet, sous-préfet, etc.) et de leurs attributions; puis des conseils municipaux, etc., et de leurs attributions.

2. Expliquez comment sont reçus les impôts directs, entre quelles mains ils passent, à quel ministère ils sont centralisés, et comment on les emploie en dépenses d'intérêt public.

3. Expliquez pourquoi la France doit exiger des puissances étrangères qu'elles respectent ses nationaux et ses ambassadeurs. Montrez qu'au besoin la France doit s'armer plutôt que de se laisser manquer de respect.

On peignait la devise de la République.

CHAPITRE VI

LIBERTÉ, ÉGALITÉ, FRATERNITÉ

PREMIÈRE LEÇON

LA DEVISE RÉPUBLICAINE. — LIBERTÉ.

— Je vous ai promis, hier, de vous expliquer ce que veut dire la **devise républicaine** que les ouvriers étaient en train de peindre au-dessus de la porte de l'école : **Liberté, Égalité, Fraternité**. Je vais tenir ma parole, et j'espère que cela vous amusera plus que les détails sur les administrations.

Cette belle devise, la **République de 1848** l'avait déjà fait inscrire sur tous nos **monuments**.

Napoléon III l'a enlevée après le 2 décembre, et il a bien fait, car cela jurait de parler de **liberté** sous un régime de despotisme ; d'**égalité**, quand il y avait un empereur et une famille impériale ; de **fraternité**, quand on avait commencé par fusiller les citoyens dans la rue. On l'a rétablie en 1870, après Sedan. En réalité, elle date de la première Révolution.

LIBERTÉ

Voilà un beau mot, mais il faut bien savoir ce qu'il veut dire.

Pour ne l'avoir pas su, il n'est sorte de sottises et de crimes qu'on n'ait commis, même en France.

Si je vous dis : *tous les Français sont libres*, je suis sûr que vous penserez : « ça n'est pas vrai ; nous sommes Français et nous ne sommes pas libres de nous en aller nous promener et nous amuser. Il faut rester en classe : drôle de liberté ! »

D'abord, je vous répondrai une chose : vous êtes des **enfants.** On ne peut pas vous laisser libres comme des grandes personnes. Quand vous étiez tout petits, vous étiez bien moins libres encore ; on ne vous permettait pas de sortir seuls, ni de vous approcher du feu ou de la rivière, car vous auriez pu vous perdre, vous brûler, ou vous noyer. Aujourd'hui, vous êtes déjà assez raisonnables ; mais il y en a encore parmi vous qui aimeraient mieux courir les champs qu'aller à l'école, et qui vendraient bien une poule pour acheter des billes.

Vous, je le reconnais, vous n'êtes pas libres ; il y a quelqu'un qui vous commande : votre **père,** votre **mère,** ou votre **tuteur*,** quand vous n'avez ni père ni mère. Et je suis sûr qu'au dedans de vous, vous reconnaissez que cela est juste. Car, en revanche, votre père et votre mère s'occupent de vous, vous nourrissent, vous habillent ; et vous seriez bien embarrassés de votre **liberté,** si vous pouviez faire ce que vous voulez de votre personne et de vos biens. Je voudrais bien vous y voir, à vous nourrir de votre propre travail, et à faire valoir votre bien ! Non, tant que vous serez **mineurs,** c'est-à-dire jusqu'à vingt et un ans, vous ne serez pas libres.

Mais à **vingt et un ans,** vous serez **majeurs,** et ce sera autre chose.

Est-ce que vous serez pour cela **libres** de faire tout ce qui vous passera par la tête ? Non, cela tombe sous le bon sens ! car si tout le monde en faisait autant, voyez quelle jolie société ! ou plutôt il n'y aurait plus de société du tout.

Non, *il vous faudra toujours et partout obéir aux* **lois,**

sans parler des choses que la **conscience** repousse,
bien que la loi n'y puisse rien faire, comme de mentir, de
tromper ses amis, etc.

DEUXIÈME LEÇON

COMMENT ON EST LIBRE.

— En respectant les **lois,** vous serez entièrement
libres. Vous pourrez continuer à habiter ce pays ou

En respectant la loi on est libre d'organiser des réunions publiques
et d'y discuter ou d'y exposer ses idées.

le quitter pour aller où bon vous semblera, même
à l'étranger. Vous pourrez faire tel métier qui vous
conviendra, livrer votre travail à tel prix que vous
voudrez. Vous pourrez travailler seul ou vous associer à
d'autres pour monter une maison de commerce ou une
industrie. Vous pourrez vendre ou affermer vos propriétés, ou en affermer ou en acheter à votre gré. Vous pourrez vous réunir avec qui vous voudrez, même en pu-

blic, pour discuter soit des affaires personnelles, soit des
affaires publiques et politiques. Vous pourrez aller ou ne
pas aller à l'église, changer de religion si vous le voulez,
ou même n'en avoir aucune[1]. Vous pourrez, si vous en êtes
capables, écrire des livres, rédiger des journaux sur tous
les sujets possibles, travailler ou non le dimanche. Nul
ne pourra vous contraindre à vendre votre bien si ce
n'est par une **loi spéciale** pour **cause d'utilité publique**, et en vous en payant le prix à l'avance. Enfin,

Le fils Gigot voulait battre les charpentiers qui ne se mettaient pas en grève.

nul ne pourra ni entrer chez vous sans votre permission,
ni vous arrêter pour vous mettre en prison, sans un
ordre exprès des **magistrats** et parce que vous
serez soupçonnés d'avoir manqué à la loi.

C'est ce qu'on exprime brièvement en disant que
tout **Français** *jouit de la* **liberté individuelle**,
de la **liberté du travail**, *de la* **liberté d'association**, *de la* **liberté de réunion**, *de la*

1. « La *liberté de conscience* n'est pas seulement la faculté de
se décider entre une religion et une autre, c'est aussi le droit de
n'en adopter aucune et de rester étranger à toutes. » (A. Vinet,
(*Mémoire* couronné par la *Société de la morale chrétienne*).

liberté de la presse, *de la* liberté de conscience, *de* l'inviolabilité de la propriété, du domicile et de la personne.

— Vous vouliez dire quelque chose, Louis?

— Mais, Monsieur, vous dites qu'on a le droit de travailler ou de ne pas travailler; et pourtant l'autre semaine on a arrêté le fils Gigot, le charpentier, qui ne voulait pas travailler.

— Non, mon enfant, Gigot n'a pas été arrêté parce qu'il ne voulait pas travailler. Il a été arrêté parce qu'il a voulu battre un ouvrier qui ne voulait pas se mettre en grève*. C'est bien différent.

Car, faites bien attention à une chose. *Toutes ces libertés sont communes à tout le monde.* Par conséquent, chacun, en les exerçant, a le devoir de laisser les autres les exercer comme bon leur semble.

Ainsi, s'il ne vous plaît pas de travailler à tel prix pour tel patron, libre à vous de le faire; libre à vous également de démontrer aux autres ouvriers qu'ils ont intérêt à vous imiter et à se **mettre en grève** jusqu'à ce qu'on ait augmenté leur salaire. Si Gigot n'avait fait que cela, on ne lui aurait rien dit. Mais vous ne pourriez pas menacer et maltraiter ceux qui ne voudraient pas faire comme vous, parce que cela serait **attenter à leur propre liberté.** C'est ce qu'a fait Gigot, et il sera pour cela justement puni.

TROISIÈME LEÇON

ON NE DOIT PAS NUIRE A LA LIBERTÉ DES AUTRES.

— Ainsi, toujours *à côté de votre* **droit** *à la liberté, il y a le* **devoir** *de ne pas nuire à la liberté des autres.* Dans la société, c'est comme ici dans la classe, vous avez la liberté de faire ce que vous voulez sur votre pupitre, à votre place; mais si vous prenez la place du voisin, il se fâche parce que lui n'est plus libre. Voilà la principale limite de la liberté : *ne pas gêner la liberté des autres.*

Et même, ce n'est pas assez dire. Vous vous rappelez bien que dimanche dernier trois ou quatre vauriens se sont mis à chanter à tue-tête et à faire du vacarme dans la rue pendant toute la nuit, et que le garde champêtre en a dressé procès-verbal. Monsieur le juge de paix les

Il n'est pas permis de troubler la paix publique.

condamnera sûrement, pour **tapage nocturne**, à l'amende, peut-être à la prison. Et pourtant, ils pourraient dire qu'ils étaient libres, et qu'ils n'empêchaient pas les autres d'en faire autant qu'eux. C'est vrai, mais ce qu'ils empêchaient les autres de faire, c'est de dormir. Ils ennuyaient tout le monde, et ma vieille voisine, qui est malade, a failli en mourir de peur.

S'il était possible d'agir de la sorte, en disant qu'on est libre, il n'y aurait pas de raison pour qu'on ne se crût pas libre aussi de casser les vitres et de prendre les poules du voisin, sous prétexte que celui-ci en pourrait faire autant. Voyez quel beau résultat !

Votre liberté doit donc non seulement s'arrêter devant la liberté des autres, mais encore ne jamais porter préjudice à personne.

C'est ce que la **Convention*** a exprimé en déclarant le **10 Août 1793** :

« *La liberté est le pouvoir qui appartient à l'homme* « *de faire tout ce qui ne nuit pas aux droits d'autrui.* « *Elle a pour principe la raison, pour règle la justice,* « *pour sauvegarde la loi. Sa limite morale est dans* « *cette maxime :* **ne fais pas à un autre ce que tu ne veux pas qu'il te soit fait.** »

Paroles admirables et éternellement vraies, puisque la grande Assemblée les a empruntées presque textuellement à un philosophe d'Orient nommé **Zoroastre***, qui vivait bien des siècles avant Jésus Christ[1].

QUATRIÈME LEÇON

CE QU'ON N'EST PAS LIBRE DE NE PAS FAIRE. — A QUI NOUS DEVONS NOS LIBERTÉS.

— Non seulement on n'est pas libre de faire tout ce qu'on veut, mais *il y a des choses qu'on n'est pas libre de ne pas faire.*

Ainsi on n'est pas libre de ne pas voter. Le citoyen qui n'exerce pas son droit de vote est un mauvais citoyen, et mériterait qu'on le lui enlevât.

Ainsi, encore, vous, mes enfants, votre père ne serait pas libre de ne pas vous donner à manger, la loi l'y forcerait. De même, quand il sera vieux, incapable de travailler, la loi vous forcerait aussi à lui fournir de quoi manger, si vous oubliiez ce devoir sacré. Mais je sais bien que la loi n'aura rien à faire : votre conscience et votre bon cœur suffiront.

Si votre père n'est pas libre de vous laisser mourir de faim ou de vous battre à l'excès, il ne l'est pas davantage de vous laisser dans l'ignorance absolue. Les

1. *La Critique religieuse ;* oct. 1879, p. 279.

lois l'obligent à vous faire donner l'instruction chez lui ou à vous envoyer à l'école. C'est que sa liberté ne peut pas aller jusqu'à vous nuire et à vous faire du mal. Et *il vaudrait presque autant pour vous et pour la patrie, vous casser bras et jambes que de vous empêcher de rien apprendre.*

Voilà l'explication du mot **liberté.** Vous voyez que *nous jouissons aujourd'hui en France de libertés fort étendues,* et que les honnêtes gens n'ont guère à se plaindre des limites que leur imposent les lois. Mais il n'y a pas longtemps que nous en sommes arrivés là, et je vous montrerai dans une prochaine leçon que nous devons toutes ces libertés à la **Révolution de 1789.** Il faut savoir de plus que les **gouvernements monarchiques** les avaient limitées depuis, au point qu'elles existaient à peine pendant le règne des deux Napoléon. C'est la République de 1870 qui les a graduellement rétablies au degré où nous en jouissons aujourd'hui.

CINQUIÈME LEÇON

COMMENT TOUS LES FRANÇAIS SONT ÉGAUX.

ÉGALITÉ

— Voilà encore un mot sur lequel il faut bien s'entendre. Car si je vous dis « *Tous les Français sont égaux* » je suis sûr que vous répondrez en dedans : « Mais, monsieur Dufort avec son beau château, ses belles voitures, ses terres et ses rentes, n'est pas l'égal d'un ouvrier tâcheron ; en tous cas, il n'est pas l'égal de ses domestiques, puisqu'il est leur maître. »

Eh bien, vous vous trompez : Monsieur Dufort est l'égal de ses domestiques, ni plus ni moins. Mais l'égal en quoi ? c'est là qu'il faut s'entendre.

Il n'est pas leur **égal en richesse,** cela est bien sûr ;

il est plus riche qu'eux. Il n'est pas non plus leur **égal en instruction,** car il .a *fait ses classes :* quoique le précepteur* de son fils soit peut-être encore plus instruit. Oui, de ces côtés-là, il y a des inégalités.

Mais il est leur **égal devant le service militaire,**

M. Dufort, malgré sa grande fortune, est, devant la loi, l'égal du cantonnier.

car son fils sera soldat comme les fils de ses domestiques.

Il est leur **égal devant l'impôt,** car il le paie, comme eux, en proportion de sa fortune.

Il est leur **égal devant la justice,** car s'il en renvoyait un sans le payer, il perdrait le procès que celui-ci ne manquerait pas de lui faire ; et s'il commettait un délit ou un crime, il serait condamné exactement comme ils le seraient eux-mêmes.

Il est leur **égal devant le vote,** puisqu'il ne dépose qu'un bulletin comme chacun d'eux dans la boîte du scrutin.

Il est leur **égal devant le suffrage universel,** car ils peuvent être nommés comme lui, si c'est la volonté des électeurs, conseillers généraux, conseillers municipaux, députés, sénateurs.

Il est leur **égal devant les fonctions publiques,** car il peut arriver que le fils de l'ouvrier, s'il travaille et s'instruit, devienne ingénieur, juge, général, tout comme le fils du propriétaire.

Il est leur **égal devant la fortune,** car on voit tous les jours des fils d'ouvriers s'enrichir par la bonne conduite, l'intelligence et le travail, et des fils de gens haut placés tomber dans la misère par leur mauvaise vie.

En un mot, *il a les* **mêmes droits** *qu'eux et les* **mêmes devoirs** *qu'eux: voilà la* **véritable égalité.**

Si vous comprenez bien cela, mes enfants, vous serez plus avancés que bien des gens. Car il y a des écervelés qui se figurent que l'égalité ce serait d'avoir tous, non pas les mêmes droits, mais la même fortune, de manière à ce qu'il n'y ait ni pauvres, ni riches.

SIXIÈME LEÇON

LA DIFFÉRENCE DE FORTUNE, D'AGE, ETC. N'EMPÊCHE PAS L'ÉGALITÉ DANS LA SOCIÉTÉ.

—Et il y en a qui ont eu la sottise de prêcher **le partage des biens,** pour arriver à l'égalité. Mais les malheureux ne comprenaient donc pas que si, par impossible, la loi établissait un jour cette égalité-là, elle serait tout de suite détruite, parce que *le fainéant resterait pauvre, sur sa part de terre, tandis que le travailleur s'y enrichirait.*

Il y en a d'autres qui se fâchent parce que l'enfant du riche vient au monde riche, et l'enfant du pauvre, pauvre; parce qu'il y a des gens qui sont toujours obligés de travailler pour vivre, tandis qu'il y en a d'autres qui peuvent ne faire que tourner leurs pouces. Ils voudraient que tous les enfants fussent traités de même et qu'il n'y eût pas d'**héritage***.

C'est encore une maladie de cervelle; car un père de famille qui travaille et économise pense à ses enfants encore plus qu'à lui-même. Et on aurait beau vouloir l'empêcher de bien élever ses enfants avec ses économies, de les faire instruire, de les aider dans la vie, de leur laisser après sa mort ce qui lui restera de biens et d'argent, vous pensez bien que cela serait impossible. Il tombe sous le bon sens qu'on doit pouvoir faire ce qu'on veut de ce qu'on a gagné. Et chacun préférera le laisser à ses enfants, surtout s'ils se conduisent bien, plutôt qu'à des étrangers.

Il est tout aussi naturel qu'il y ait des enfants riches et des enfants pauvres qu'il est naturel qu'il y en ait de grands et de petits, de forts et de maladifs, de bêtes et de spirituels. *Cela n'empêche pas l'égalité dans la société.*

Car il y a égalité quand tous ces enfants peuvent arriver à la situation qu'ils méritent d'avoir, par leur travail, leur conduite, leur intelligence, leur instruction.

Et c'est ce qui existe chez nous, comme je viens de vous le démontrer.

Sans doute, tout n'est pas parfait. L'égalité devant le service militaire est un peu faussée par le volontariat d'un an. L'égalité devant l'impôt, par les impôts indirects, invisibles, comme je vous l'ai dit. Sans doute, l'homme riche a plus de chances que le pauvre d'être nommé député, et son fils a plus de facilités que le fils du pauvre pour devenir ingénieur, général ou millionnaire. Mais tout cela n'est pas grand'chose: avec le temps, on y trouvera remède.

SEPTIÈME LEÇON

TOUT LE MONDE DEVRAIT POUVOIR S'INSTRUIRE ÉGALEMENT.

— Le véritable manquement à l'égalité, dont on a
le droit de se plaindre, c'est que tous les enfants ne
puissent pas être instruits de même. Car, croyez-le bien,
mes enfants, *si le fils du riche devient ingénieur
pendant que celui du pauvre reste cantonnier, ce
n'est pas parce qu'il est riche, c'est parce qu'il a pu se
servir de sa richesse pour s'instruire. Si le pauvre avait
pu s'instruire, c'est peut-être lui qui serait ingénieur.*

Pour qu'il y ait **véritable égalité,** il faut que tout
le monde puisse **s'instruire également.** On ne se
doutait pas de cela dans le temps. On trouvait tout naturel que l'enfant du bourgeois apprît le latin et les
mathématiques, pendant que l'enfant de l'ouvrier savait
à peine son *b a, ba.*

On ne faisait que quelques exceptions bien rares.

La République a changé tout cela. Et c'est bien naturel, puisqu'elle est basée sur l'Égalité. Aussi elle fait
tout le possible pour l'instruction des plus pauvres.

Ainsi, dans cette école, où nous ne sommes pas bien
riches ni les uns ni les autres, je vous apprends maintenant de l'**histoire,** de la **géographie,** des **sciences
physiques** et **naturelles,** de la **morale,** de l'**instruction civique,** toutes choses qu'on n'enseignait
jamais dans les écoles de mon temps. C'est déjà un bon
fonds. Et puis, voilà qu'on organise des écoles **primaires supérieures** où ceux d'entre vous qui auront le
mieux profité de ce que je leur ai dit, iront en apprendre
davantage auprès de plus savants que moi.

Et la Chambre des députés vote de grosses sommes
d'argent pour fonder **des bourses** * qu'on donne

aux meilleurs élèves, s'ils en ont besoin, pour aller dans ces **écoles,** et aussi dans les **collèges** et les **lycées,** comme je vous l'ai déjà expliqué.

Sans doute, tout cela n'est pas fini, et on peut encore se plaindre. Mais *Rome n'a pas été bâtie en un jour,* et on va aussi vite que possible. Ainsi, nous marchons de plus en plus vers la **complète égalité.** Nous avons déjà l'**égalité des droits** et des **devoirs,** et c'est le principal ; *nous aurons, quand tout le monde pourra s'instruire également,* la **véritable égalité** *pour arriver aux emplois et à la fortune.*

Voilà ce qu'aura produit le **suffrage universel :** *à tous l'instruction, et à chacun selon son mérite.*

HUITIÈME LEÇON

NOUS DEVONS AIMER LES AUTRES. — LA FRATERNITÉ, C'EST
D'ABORD LA JUSTICE

FRATERNITÉ

— C'est peut-être la plus belle des trois parties de la devise républicaine. En tout cas, c'est celle qu'il était le plus nécessaire de rappeler. Car il n'y a pas de danger qu'on oublie l'**Égalité,** ni la **Liberté.** Chacun y a trop intérêt pour cela ; quand on y a goûté, on n'en veut pas démordre. Mais pour la **Fraternité** c'est autre chose. Ceux qui souffrent y pensent bien, mais les gens heureux l'oublient trop souvent.

Car, sachez-le bien, il ne suffit pas d'être libre, de faire ce qu'on veut, sauf du mal aux autres ; il ne suffit pas d'être l'égal des autres ; il faut encore **aimer les autres.** Sans cela, on arriverait, quand on y aurait intérêt, à se soucier fort peu et de leur liberté à eux, et de l'égalité.

Il faut donc encore la **Fraternité.** Oui, il faut aimer les autres citoyens de votre pays, vos **compatriotes,** et les traiter en **frères,** et c'est ce que veut dire le mot **Fraternité.**

Car ils sont vos frères, comme fils de la même mère, la **Patrie.** Car ils versent leur argent comme vous pour vous procurer des avantages communs. Car ils mêlent leur sang au vôtre pour défendre la cause commune et sacrée. Car leurs **ancêtres** ont combattu à côté des vôtres pour conquérir et conserver la **liberté** et l'**égalité** dont nous jouissons aujourd'hui. On appelle souvent les soldats d'une même armée des « **frères d'armes** »; les membres d'une même nation doivent aussi s'appeler **frères** et se traiter en **frères.**

S'il en est ainsi, *il faut dans tous les actes de sa vie penser aux autres,* c'est-à-dire à la nation tout entière, ou du moins à ses diverses parties.

Si vous êtes un jour **conseillers municipaux,** mes enfants, pensez toujours, quand vous prendrez une décision, aux intérêts de toute la commune, et non aux vôtres ou à ceux de vos amis.

Si quelqu'un d'entre vous devient **député,** qu'il pense toujours, lorsqu'il **votera,** aux intérêts généraux de la nation, et non pas seulement à ceux de sa commune ou de sa circonscription.

Du moins, vous serez tous **électeurs.** Eh bien, ne demandez jamais à votre député des choses qui n'intéresseraient que ce petit coin de la France où vous votez. Songez que ce serait une **injustice** vis-à-vis de tous vos compatriotes, de vos frères, et **la Fraternité vous l'interdit.**

A plus forte raison, ne devez-vous jamais lui demander de faire une chose qui serait dans votre intérêt **personnel** et pourrait nuire aux autres. Il n'y a pas quinze jours qu'un brave homme de ce pays-ci est venu me prier d'écrire une lettre à notre député, pour qu'il empêchât son fils de partir pour la **Tunisie*.** J'ai refusé, bien entendu. Mais je n'ai jamais pu lui faire comprendre qu'il avait le plus grand tort, puisque, à la place de son fils, on en ferait partir un autre; et il s'en est en allé tout fâché. Et, pourtant, c'est un très honnête homme, mais il ne sait pas ce que c'est que la **Fraternité.**

NEUVIÈME LEÇON

LA FRATERNITÉ EST PLUS QUE LA JUSTICE, ELLE NOUS ENSEIGNE A FAIRE DU BIEN AUX AUTRES.

— Oui, la **Fraternité,** c'est d'abord la **justice.** Mais ce n'est pas uniquement cela; il n'y a pas besoin d'aimer les gens comme des frères pour être juste envers eux. *Il ne suffit pas de ne pas faire du mal à ses frères, il faut leur faire du* **bien.**

Votre devoir sera donc toujours de penser à ce qui peut être utile aux autres. Vous êtes trop petits pour vous rappeler tout le mal qu'a eu notre excellent **maire** pour faire assainir le marais de Saint-Gildas, là-bas, près du hameau où vous demeurez, Joseph et Henri. Tous les ans, à l'automne, il en sortait les fièvres, et on ne voyait aux alentours que des gens malades ; sans compter qu'il fallait patauger tout au travers, par un mauvais chemin, pour venir du hameau au bourg*. Eh bien ! notre maire a obtenu qu'on fît le canal, et la route, et le pont que vous connaissez bien. Ce n'a pas été sans peine ; les gens du bourg, qui paient plus d'impôt que ceux du hameau, ne se souciaient guère de dépenses dont ils ne sentaient pas le profit. C'est qu'ils ne comprenaient pas la **Fraternité.** Monsieur le maire, lui, n'avait rien à y gagner ; sa maison est là, sur la hauteur, bien au sec ; et cependant il a bataillé comme s'il devait avoir la fièvre de Septembre *. C'est qu'il avait le sentiment de la **Fraternité !**

Et aujourd'hui, savez-vous ce qui est arrivé ? c'est que tout le monde y a gagné, à cet assainissement du marais. On y fait maintenant de bons foins et même des légumes qu'on vend très cher à la ville, et les gens du bourg en profitent tout autant que ceux du hameau. C'est presque toujours comme cela, voyez-vous, mes enfants, et *le bien qu'on fait est remboursé au centuple.*

Il y a bien d'autres cas dans lesquels on doit exercer la **Fraternité.** Je vous ai parlé d'Ernest Fauche, *l'enfant trouvé*, qui est maintenant commandant d'artillerie.

Le pauvre petit a été ramassé, un matin, au bord de

Le pauvre petit a été trouvé un matin.

l'étang ; il n'avait pas trois mois. Celui qui l'a trouvé l'a porté à l'hôpital de la ville, et alors le **préfet** l'a envoyé ici, en nourrice, chez la mère Fauche à qui, tous les mois, on payait une certaine somme sur le **budget de l'État.** Un **inspecteur** venait de temps en temps voir si le petit Ernest était bien soigné, et quand il l'a vu assez grand, il l'a fait mettre ici à l'école, toujours aux frais de l'**État,** et vous savez si l'enfant en a profité !

Eh bien, voilà encore de la **Fraternité.** Dans l'argent nécessaire pour élever Ernest, tous les Français donnaient chaque année chacun une petite part pour le petit frère abandonné.

DIXIÈME LEÇON

LA FRATERNITÉ ET LA CHARITÉ.

— Mais vous avez une observation à faire, Pierre? Ce doit être raisonnable, car vous êtes ici l'aîné.

— Monsieur, vous dites que c'est par **Fraternité** qu'Ernest a été élevé, mais tout le monde ici dit que c'est par **Charité.** C'est donc la même chose, **Charité** et **Fraternité?** Ou bien si ce n'est pas la même chose, lequel faut-il dire?

— Ah! ah! j'avais raison de **penser** que vous alliez nous dire quelque chose de sérieux. Savez-vous qu'il est très difficile de vous répondre, et que les petits vont avoir de la peine à comprendre? Mais enfin, qu'ils écoutent bien et je vais tâcher de m'expliquer clairement.

Non, ce n'est pas la même chose **Charité** et **Fraternité.** Et l'une des principales **différences,** la voici. Ce pauvre petit Ernest, ce n'était pas **sa** faute, s'il était là dans l'herbe; il y serait mort sans l'avoir mérité, bien entendu. C'était donc une injustice de l'y laisser, et il ne doit pas y avoir d'injustice. Mais, qui devait le recueillir et prendre le soin, la charge de l'élever? Ce n'était pas le brave homme qui l'a vu le premier, qui n'avait pas la fortune nécessaire pour faire toutes ces dépenses, et qui d'ailleurs n'était pas cause de l'abandon de l'enfant! Mais qui donc, alors, puisqu'on ne sait pas qui l'a abandonné? Qui? Tout le monde; d'autant plus que si l'on fait avec lui un bon citoyen, tout le monde en profitera. Voilà la **Fraternité.** L'enfant y avait droit, puisqu'il était très innocent de son abandon; et la Nation entière en profite.

La **Charité,** c'est autre chose. Et pour Ernest, il y a eu aussi un acte de charité. C'est quand il a eu douze ans, et que l'**Inspecteur,** je ne sais pourquoi, a voulu l'envoyer dans un autre pays. Alors la mère Fauche

s'est récriée : « Cet enfant-là, je l'ai nourri de mon lait ;
« je l'ai élevé, il a remplacé celui que nous avions perdu ;
« je le garde, il ne partira pas. » Et comme l'**Inspecteur** lui disait qu'on ne lui donnerait plus d'argent à la
fin de chaque mois : « Ça m'est égal, a dit la brave
« femme, nous travaillerons pour lui, il est déjà le plus
« savant de l'école, il nous donnera de la satisfaction.

Il est déjà le plus savant de l'école, il nous donnera de la satisfaction.

« D'ailleurs, nous l'adopterons, et il s'appellera Ernest
« Fauche, et non *l'enfant trouvé*. » Et qui fut dit fut
fait. Cela, c'est de la **Charité,** parce que la mère
Fauche n'était pas forcée d'élever et d'adopter le petit
Ernest. Elle n'était pas cause de son abandon. On l'avait
payée pour le nourrir, elle l'avait fait en conscience ;
elle était quitte. Non, elle n'y était pas forcée, et le petit
Ernest n'aurait rien pu lui réclamer. Ce qui l'a poussée,
c'est son bon cœur ; voilà la **Charité.**

Ainsi, l'enfant avait **droit** *à la* **Fraternité,** *mais
non à la* **Charité.** *Et la Nation avait le* **devoir** *de
l'élever, non la mère Fauche.*

ONZIÈME LEÇON

LES TROIS PARTIES DE LA DEVISE RÉPUBLICAINE SE TIENNENT.

— En résumé, **la Fraternité** *est un* **devoir social, la Charité** *est une* **vertu individuelle.** Je vous ai déjà parlé, du reste, de la charité, dans le *Cours de morale*, et je vous en ai montré les avantages et les inconvénients, je n'y reviens pas.

Comprenez-vous maintenant la différence, maitre Pierre?

Oui? — Tant mieux, car ça n'est pas facile. Réfléchissez

Les hôpitaux sont des œuvres de fraternité.

un peu là-dessus, et vous verrez encore bien d'autres applications de la **Fraternité** : les **hôpitaux de malades**, les **hospices de vieillards**, les **asiles d'aliénés**, les **bureaux de bienfaisance**, les **crèches d'enfants**, les **sociétés de secours mutuels,** etc. Tout cela, c'est de la **Fraternité.**

Et maintenant, assez sur ce sujet. Mais voyez quelle belle chose c'est que la **devise républicaine.** Tout y est. Et si vous enlevez un des trois mots, cela ne marche plus.

Sans la **Liberté**, l'**Égalité** peut être le plus abominable des esclavages : *car tout le monde est égal sous un tyran*. Sans la **Fraternité**, la **Liberté** conduit à l'égoïsme.

Oui, c'est une belle devise, on fait bien de l'inscrire sur nos édifices publics. *Chacun doit la savoir par cœur*, mais il faut bien comprendre ce qu'elle veut dire et j'espère que vous le comprenez maintenant.

RÉSUMÉ

1. La devise de la République est LIBERTÉ, ÉGALITÉ, FRATERNITÉ.
2. Tous les Français majeurs sont libres.
3. Les libertés les plus importantes sont : la liberté individuelle, la liberté du travail, la liberté de conscience.
4. **La propriété, le domicile, la personne de chaque citoyen sont inviolables, excepté sur l'ordre des magistrats.**
5. **On n'est pas libre de ne pas respecter la liberté des autres.**
6. **Ne faites pas aux autres ce que vous** ne voudriez **pas qu'il vous fût fait.**
7. **Il y a des choses qu'on n'est pas libre de ne pas faire, comme faire instruire ses enfants, nourrir ses vieux parents, voter, etc.**
8. **Toutes nos libertés datent de la Révolution de 1789.**
9. **Tous les Français sont égaux devant le service militaire, l'impôt, la justice, le suffrage universel, l'accession aux fonctions publiques.**
10. **Il n'y a de différences entre eux que celles de l'intelligence, de la conduite et de l'instruction.**

11. L'égalité des biens est une chimère, celle des droits et des devoirs est une réalité.

12. En pratique, il y a encore quelques inégalités, et surtout celle de l'instruction.

13. La République s'efforce d'établir l'égalité de l'instruction.

14. Il faut qu'on arrive à ceci : à tous l'instruction et à chacun selon ses mérites.

15. Il ne suffit pas d'être libre, il ne suffit pas de faire ce qu'on veut sauf du mal aux autres, il ne suffit pas d'être l'égal des autres : il faut encore aimer les autres.

16. Tous les Français doivent se considérer comme frères.

17. La Fraternité, c'est d'abord la justice.

18. Ceux qui exercent des fonctions publiques doivent toujours agir suivant l'intérêt public.

19. Il ne faut jamais rien leur demander qui soit contraire à l'intérêt public ou à l'intérêt d'un autre.

20. La Fraternité est plus que la justice ; elle enseigne à rechercher les moyens de faire du bien aux autres ou de leur éviter du mal.

21. C'est la Fraternité qui a fait organiser les services des enfants assistés, des hôpitaux, des hospices, des crèches, des sociétés de secours mutuels, etc.

22. La Fraternité n'est pas la Charité.

23. La Fraternité est un devoir social, la Charité est une vertu individuelle.

24. Les trois parties de la devise républicaine LIBERTÉ, ÉGALITÉ, FRATERNITÉ, se tiennent.

On ne peut en enlever une sans que les autres perdent leur sens et leur valeur.

EXERCICES ORAUX OU ÉCRITS

1. Quelle est la devise de la République ?
2. Tous les Français majeurs sont-ils libres ?
3. Quelles sont les libertés les plus importantes ?
4. Peut-on s'emparer de la propriété, du domicile ou de la personne d'un citoyen?
5. Est-on libre de ne pas respecter la liberté des autres ?
6. Quelle est la règle de conduite d'un bon citoyen?
7. Y a-t-il des choses qu'on est forcé de faire ?
8. De quand datent toutes les libertés ?
9. Devant quoi tous les Français sont-ils égaux ?
10. Quelles sont les différences qu'il y a entre eux ?
11. Quelle est la véritable égalité ?
12. En pratique, y a-t-il encore des inégalités ?
13. Quelle est l'égalité que la République s'efforce d'établir ?
14. A quoi doit-on arriver avec l'égalité de l'instruction ?
15. Suffit-il d'être libre et l'égal des autres ?
16. Comment doivent se considérer tous les Français ?
17. Qu'est-ce que la Fraternité ?
18. Quel est le devoir de ceux qui exercent des fonctions publiques?
19. Pourrait-on leur demander de faire des injustices ?
20. La Fraternité est-elle plus que la justice, et que nous enseigne-t-elle ?
21. Quels sont les bienfaits de la Fraternité ?
22. La Fraternité est-elle la Charité?
23. Quelle différence principale y a-t-il entre la Fraternité et la Charité ?
24. Peut-on séparer sans inconvénient les trois mots de la devise républicaine?

Devoirs de rédaction.

1. Exposez comment vous entendez la *Liberté*. — Faites voir jusqu'où va la liberté de chaque citoyen et sur quelle maxime s'appuie cette liberté.

2. Qu'entendez-vous par *Égalité ?* — L'égalité des intelligences existe-t-elle ? — Montrez ce qui arriverait si on établissait l'égalité des fortunes.

3. Faites connaître comment vous comprenez la *Fraternité*, en la comparant avec l'*égoïsme* ou intérêt personnel.

4. Distinction entre la Fraternité et la Charité. — Faites, sous forme de lettre à un ami, les récits d'un acte charitable et d'un acte fraternel dont vous avez été témoin. Concluez en faisant connaître laquelle de ces deux actions vous semble la plus belle, et donnez vos raisons à l'appui.

Les galériens ramaient sans relâche.

CHAPITRE VII

LA RÉVOLUTION

PREMIÈRE LEÇON

LES BIENFAITS DE LA RÉVOLUTION.

— Vous nous avez dit, n'est-ce pas, monsieur, que toutes nos libertés datent de la **Révolution de 1789 ?** Vous nous l'avez fait apprendre par cœur dans un *Résumé.*

— Oui, ami Jules, la **liberté,** et aussi **l'égalité** et la **fraternité** : *rien de tout cela n'existait avant la Révolution.*

— Mais, monsieur, je récitais l'autre jour le *Résumé* à papa ; il y avait là un monsieur qui achetait du tabac, et il s'est mis à crier contre vous, à dire que la Révolution c'était une abomination ; qu'elle avait tout détruit dans ce pays-ci ; qu'auparavant c'était *le bon vieux temps,* où tout le monde était tranquille, et qu'on ne se disputait pas alors comme on se dispute aujourd'hui pour les élections.

— Mon enfant, je ne sais pas qui est ce monsieur-là. Mais je puis vous affirmer qu'il n'y a jamais eu dans ce pays-ci que deux personnes ayant le droit de se

8

plaindre de la Révolution. C'est Monsieur le baron de
Saint-Yriex et son frère, Monsieur l'abbé de Saint-Gildas.

Mais tous deux sont morts; Monsieur le baron, même,
a été tué de la façon la plus honteuse pour un Français,
tué par un soldat français, en 1797; car il avait émigré* en août 1789, et commandait un régiment allemand,
à la tête duquel il envahissait la France.

Le fils Dupontville disait que la Révolution était une horreur.

L'abbé, lui, est mort tout tranquillement ici, très
vieux, il y a une vingtaine d'années. Il se plaignait beaucoup. Son couvent avait été changé en ferme, et vendu
aux enchères au grand-père de Monsieur de Dupontville,
qui y a fait sa grande fortune.

— Mais, monsieur, c'est justement le fils Dupontville
qui disait chez nous que la Révolution était une horreur.
Comment cela se fait-il ?

— Comment cela se fait ? Ce serait trop long à vous
expliquer. Seulement croyez bien que son bisaïeul, le
père Dupont, comme on l'appelait, n'en aurait pas dit
autant !

Mais puisque ceux-là même qui ont tant profité de la

Révolution et qui lui doivent tout, non seulement la liberté, mais la richesse, oublient ainsi ses bienfaits, et la maudissent, il faut que, moi, je vous mette en garde contre leurs dires, et que je vous raconte en peu de mots tout ce qu'elle a fait pour nous.

Tout ce que je vous ai enseigné jusqu'ici, *tout ce que je vous ai appris à aimer, à admirer, c'est la Révolution qui l'a fait.* Nous lui devons l'**unité nationale**, nous lui devons la **justice**, nous lui devons les **droits** et les **devoirs des citoyens**, nous lui devons la **souveraineté du peuple**, nous lui devons l'**administration régulière** et honnête, nous lui devons le **vote de l'impôt** par les citoyens, nous lui devons, comme je vous le disais tout à l'heure, la **liberté, l'égalité, la fraternité**.

DEUXIÈME LEÇON

LES SERFS ATTACHÉS A LA GLÈBE.

— Ah! le jeune Dupontville s'en plaint et s'en moque! Mais sa maison, c'est l'ancienne abbaye, et, sans la Révolution, il vivrait, comme le vieux père Dupont, dans la masure, au bord du ruisseau, près du *pont* qui a donné son nom depuis deux siècles à sa famille.

Car il n'aurait pu s'éloigner; il aurait été comme ses ancêtres, **serf** de l'abbaye, vu que l'abbé de Saint-Gildas avait fait comme beaucoup d'autres moines, et n'avait pas voulu libérer ses serfs. Il y avait encore des centaines de mille serfs[1] en France, que la Révolution a libérés, en même temps que le grand-père de Monsieur de Dupontville.

Oui, il serait serf, lui et ses enfants. Et savez-vous ce

---

1. Il y avait en 1789 « plus de 30,000 serfs aux armées, rien que de Franche-Comté. » (*Cahiers de Franche-Comté* aux états généraux.)

que cela veut dire ? C'est qu'il serait **attaché** à la terre, à la **glèbe**, comme on disait, ne pouvant quitter le pays sans la permission du maître, et devant rester à côté de ses parents, *au même pot et au même feu; c'est qu'il ne pourrait rien posséder,* et que, *s'il gagnait quelque chose par son industrie, tout reviendrait à l'abbaye après sa mort.* Et s'il était venu en tête aux moines de vendre à quelque seigneur la terre qu'il cultivait, il aurait été, comme serf, vendu avec elle. C'était le résultat de ce qu'on appelait la **mainmorte**, qui, disait un brave curé en 1789, « empêche les hommes de naître, et les tue quand ils sont nés. »

En 1789, tout ce pays-ci était possédé par l'abbé de Saint-Gildas et par le baron-de Saint-Yriex. Là-haut était le couvent, habité par six moines qui passaient leur vie à prier, à se promener, à surveiller les travaux de leurs serfs, à recevoir les **produits** et **redevances.** Le *père abbé,* lui, ne venait pas souvent; il était à Versailles, à s'amuser avec son frère, le baron.

Ces moines en avaient bien plus qu'il ne leur en fallait pour vivre; aussi, étaient-ils aussi gros et gras que leurs paysans étaient décharnés. C'étaient les gens du hameau qui leur appartenaient, pauvres gens que la *fièvre de marais* épuisait par-dessus le marché. Le dimanche, les vieilles femmes, les enfants, les plus misérables, venaient au couvent, pleurant, pieds nus, ou traînant la semelle, et là, les moines leur distribuaient quelques vivres. Et, après, il fallait aller vanter partout la grande charité du couvent.

Quand la Révolution est venue, elle demanda à ces six paresseux en vertu de quoi ils possédaient un si grand bien. Ils ont montré un titre de 1196, par lequel un baron de Saint-Yriex, un véritable brigand, avait, pour obtenir en mourant le pardon de ses pillages et férocités, fondé ce couvent, et donné terres et serfs. L'**Assemblée constituante** a trouvé que cela durait depuis trop longtemps; elle a donné à chacun des six moines une rente de 1,200 francs, et a mis aux enchères le couvent et les terres. On n'a pas vendu cela cher, et pourtant les gens du hameau, qui n'avaient point d'argent, n'en ont pu acheter; ce sont ceux de la ville qui en ont profité, et parmi eux, le père Dupont, qui s'était enfui au loin, et avait gagné une petite fortune, je ne sais où ni comment. Depuis, les gens du hameau, que la Révolution avait rendus propriétaires des terres qu'ils cultivaient, se sont enrichis et ont beaucoup racheté, de manière qu'ils sont tous à leur aise, principalement depuis la construction de la route et le desséchement du marais.

TROISIÈME LEÇON

LES DROITS FÉODAUX. — LE SEIGNEUR SEUL CHASSAIT, PÊCHAIT ET AVAIT DROIT DE JUSTICE.

— Ici, nous n'appartenions pas aux moines de Saint-Gildas, nous étions au baron de Saint-Yriex. Celui-ci n'était pas comme son féroce ancêtre, un grand gaillard couvert d'armures, non, c'était une espèce de godelureau qu'on ne voyait guère ici qu'une fois par an, pour emporter tout l'argent que pressurait son intendant. Et Dieu sait s'il fallait lui en payer de toutes les façons ! Nos pères à nous n'étaient pas serfs, aussi n'allaient-ils jamais habiter au hameau, et n'y mariaient-ils jamais leurs filles : les moines y auraient gagné des serfs nouveaux. On pouvait aller et venir, et l'on tenait à cette liberté; et pourtant ceux qui restaient ici étaient peut-être encore plus malheureux que les gens d'abbaye.

Sans parler des impôts qu'on devait au roi, et dont je vous dirai quelques mots tout à l'heure, il y avait toutes sortes de droits à payer au seigneur. Le **cens**, une rente qui équivalait quelquefois au quart de la valeur du revenu. Puis, quand on vendait son bien, il fallait donner au baron les **droits de ventes,** c'est-à-dire le sixième au moins du prix de vente ; de même le **rachat**, quand on recevait une terre en héritage.

Cela était lourd, mais ce n'était pas le plus dur ni le plus vexant.

Quand on avait labouré et semé, les pigeons du colombier du château, *le seul colombier qu'il pût y avoir sur toute la baronnie*, s'abattaient par milliers et ils dévoraient le grain sous les mains du semeur : et il était bien défendu d'y toucher.

Cependant à force de semer, il en restait ; et l'on se réjouissait en voyant le blé grandir. Mais les serfs et les

M. le Baron invitait à la chasse les seigneurs et les nobles dames.

sangliers sortaient du bois, les lapins de la garenne[1] ; ils ravageaient tout, et il fallait les regarder les bras croisés. Car celui qui se serait permis de les chasser et de les tuer aurait été condamné à la prison, sinon aux **galè-**

1. « Je demande, disait un député de bailliage aux états généraux de 1789, la suppression des pigeons, des lapins et des moines : les premiers nous mangent en grain, les seconds en herbe, les troisièmes en gerbe. » (Bonnemère, *Histoire des paysans*, t. II, p. 261).

res*, et cent ans avant il aurait été pendu ; sans parler du coup de fusil des gardes qui assassinaient impunément les paysans porteurs d'armes [1]. Et même, par privilège spécial du roi, Monsieur le baron avait le droit de faire couper un jarret aux chiens de berger pour les empêcher de prendre le gibier. Et pour la même raison, on ne pouvait pas faucher les prairies artificielles avant l'époque où les jeunes perdreaux sont sortis du nid, ce qui fait qu'on ne les cultivait guère ; de même encore, on ne pouvait arracher les mauvaises herbes qu'aimait particulièrement le gibier. Et il ne fallait pas se plaindre trop haut, car si Monsieur le baron, quand il revenait de Versailles, entendait dire qu'il y avait beaucoup de gibier, il invitait à la chasse quelques seigneurs et quelques nobles dames des alentours ; et un beau jour, gibier, chiens, cavaliers, tout cela galopait au travers de la plaine et des collines, et alors adieu vin, avoine et blé. Le pauvre paysan pleurait, et les nobles lui riaient au nez ; ou bien il montrait le poing, et les valets le rossaient, ou le menaient a la prison du seigneur, lequel avait **droit de justice.** Et le lendemain, pour se reposer, on s'amusait à lui faire de grosses peurs, **à** lui donner les **étrivières** *, à le **condamner**, lui, ruiné, à l'amende ou à quelque **grossière ou humiliante peine.**

QUATRIÈME LEÇON

LES DROITS FÉODAUX *(suite).* — LES BANS, LA CORVÉE, LA DIME, LE CHAMPART, LE CARPOT, LES REDEVANCES.

— Quand on avait réchappé de tout cela, et qu'on allait récolter, il fallait encore attendre du bon plaisir de l'intendant de Monsieur le baron qu'il fît publier le **ban** de fenaison, de moisson ou de vendange.

Il attendait d'abord que toutes les denrées des terres

---

1. Taine, *L'ancien régime*, 1re édition, 1876, p. 72.

du seigneur fussent mûres, et on commençait par récolter le foin et le blé du baron, qui ne payait pas cher ses ouvriers, comme bien vous pensez.

Enfin, le ban était proclamé et la récolte faite ; l'année était bonne par extraordinaire, et les marchands venaient de la ville. Mais vous ne pouviez rien leur vendre avant que le seigneur eût tout vendu lui-même ; et les marchands ne vous payaient pas cher, car il leur fallait remettre au baron une partie de leurs bénéfices, pour être autorisés à se servir des poids et des mesures qu'ils avaient apportés de crainte des faux poids et des fausses mesures de Monsieur l'intendant, et puis aussi pour l'escorte que le seigneur était censé leur fournir jusqu'à la ville pour pouvoir traverser le pont, justement à côté de la **cassine** du grand-père de Monsieur de Dupontville,

Il fallait donner la dîme à M. le curé, pour lui et pour Monseigneur l'évêque.

enfin pour passer sur le chemin, et pour ouvrir la barrière de l'entrée du village.

Ce pont et ce mauvais chemin, qui les entretenait ? Le paysan, ou comme on disait, le **vilain***, le **manant***, le

croquant*, le **roturier***. C'est lui aussi qui entretient les fossés du château et en répare les murs. Et pour tout cela, personne ne le paie : c'est la **corvée**, que le seigneur peut exiger quand il veut, même en pleine moisson, alors que le temps est si précieux.

Je vous ai parlé de la récolte, mais n'allez pas croire qu'elle fût tout entière au paysan cultivateur.

Il fallait d'abord donner la **dîme** à Monsieur le curé, pour lui et pour Monseigneur l'évêque. Dîme veut dire **dixième;** mais on prenait souvent bien plus que le dixième; dans ce pays-ci, le **clergé** *prélevait une gerbe sur sept.* C'était la grosse dîme ; et il y avait, en outre, la *dîme de la laine*, celle du *chanvre*, des *légumes*, des *fruits*, qui se payait au dixième, plus cinq liards pour chaque veau, sans compter la dîme en lapins, anguilles, canards. Le clergé, à lui seul, recueillait ainsi la moitié autant que le roi de France. Et après la dîme, le **champart** du cinquième sur les fruits pour Monsieur le baron, et le **carpot** du quart de la vendange.

Et les **redevances**! Ici elles se payaient en poules. Poules à la Pentecôte, à la Saint-Martin, au Carnaval, à la fête de Monsieur le baron, de Madame la baronne; plus de la cire et du miel. Que sais-je?

Mais quand on avait récolté, était-on maître de sa récolte, au moins, et d'en faire librement ce qu'on voulait? Point du tout !

CINQUIÈME LEÇON

LES DROITS FÉODAUX (*suite*). — LE MOULIN BANAL, LE FOUR BANAL, LES DROITS DE PULVÉRAGE, DE BLAIRAGE, LA QUINTAINE, LES TAILLES SEIGNEURIALES.

— *Personne n'avait le droit de monter un moulin, un four, un pressoir.* Ceux qui existaient appartenaient à Monsieur le baron. Et le pauvre blé qu'on avait eu tant de mal à récolter, il fallait encore le faire moudre au **moulin banal** et cuire au **four banal,** comme on disait, et en laisser le **seizième** pour la peine. Pour les bestiaux, on n'en avait que le nombre qu'il plaisait à Monsieur le baron de vous autoriser à entretenir. Si on les conduisait sur le chemin du château, il fallait payer le droit de **pulvérage**; sur les terres vagues, le droit de **blairage**. Quand on les tuait pour manger, il fallait aller à la **boucherie banale**, et payer, toujours payer. Pour creuser un puits, il fallait payer encore.

Tout cela était ruineux et odieux. Il y avait encore des choses ridicules et humiliantes[1].

Quand on pense que Monsieur le baron seul avait le droit de mettre une girouette sur son château! Et les gens mariés dans l'année qui devaient, quand venait Monsieur le baron, courir devant lui la **quintaine**[*]! Et les serfs de Saint-Gildas qui passaient la nuit, quand l'abbé était là, à battre l'eau dans les fossés du couvent en chantant... Ah! vous connaissez tous le refrain :

Pà, pà, renottes, pà,	*Paix, paix, grenouilles, paix,*
Veci l'abbé, que Dieu gâ !	*Voici l'abbé, que Dieu garde !*

Je voudrais bien y voir le fils Dupontville à **battre les grenouilles,** pour rire un peu et lui demander des nouvelles du *bon vieux temps !*

Et quand tout cela était payé, et qu'on se voyait pour l'hiver un peu de blé en grange, et quelquefois un peu d'écus au fond d'un vieux bas, pensez-vous que tout fût fini ? Point : Monsieur le baron mariait sa fille, il fallait payer ; il naissait un enfant au château, il fallait payer, et ainsi de suite. C'est ce qu'on appelait les **tailles seigneuriales.**

Et que faisait Monsieur le baron de tout cet argent? Croyez-vous qu'il s'occupât d'améliorer la culture, d'aider ses paysans, de canaliser le ruisseau, d'assainir le

1. « Qu'on abolisse les chevauchées, quintaine, soule, saut de poisson, ..., chansons, transport de l'œuf sur la charrette, silence de grenouilles, et autres usages aussi outrageux qu'extravagants.» (*Cahiers de Rennes* aux Etats généraux de 1789.)

marais? Point du tout. Il était à Versailles, à la cour, il s'y amusait fort et n'avait de rapports avec nous que pour nous pressurer. Et avec tout cela, il était criblé de dettes comme presque tous ses pareils.

Aussi, quand les plus honnêtes parmi les nobles se sont mis à rougir d'une exploitation si abominable, et quand, *dans la* **nuit du 4 août 1789**, *l'Assemblée constituante décréta* l'**abolition** *des* **droits féodaux**, c'est-à-dire de toutes les monstruosités que je viens de vous dire, Monsieur le baron s'enfuit, **émigra** en même temps que le comte d'Artois, frère du roi, que Condé, Polignac, de Broglie, etc., et prit du service dans les armées allemandes : il fut tué en 1797, comme je vous l'ai dit, dans un combat où il était sous les ordres du duc d'Enghien, le petit-fils du grand Condé, émigré comme lui.

SIXIÈME LEÇON
LES FAMINES. — LES TAXES ROYALES.

— Aussi l'Assemblée a confisqué les biens de ce traître ; on les a vendus comme ceux de l'abbaye. Et aujourd'hui, à la place des broussailles, des genêts et des bruyères, on voit des vignes et de belles récoltes; et dans ce pays presque tout le monde est propriétaire, et chacun fait ce qu'il veut sur sa propriété. Et s'il y a toujours quelques malheureux, on n'y voit plus les grandes misères d'avant la Révolution, ni surtout les famines qui étaient terribles quand la récolte manquait[1].

Pensez donc, dans ce temps-là, il n'y avait ni chemin de fer ni routes. On ne pouvait pas faire venir du blé de loin. D'ailleurs, il aurait eu d'énormes droits à payer en traversant les diverses provinces, et même on ne pouvait quelquefois les traverser sous peine de mort; sans compter l'infamie du roi de France, **Louis XV**, *le Bien-Aimé*, qui avait organisé le **pacte de famine**, et

---

1. « La famine ne quitta plus les campagnes, mais avec des redoublements aigus, en 1740, 1741, 1742, 1745, 1767, 1768, 1775, 1776, 1784, 1789. » (Bonnemère, t. II, p. 161.)

qui fit mourir de faim des milliers de Français pour gagner quelque argent sur le blé. Ainsi, j'ai trouvé dans les anciens registres de la paroisse qu'en 1784 les récoltes ayant manqué dans tous les pays aux alentours, il est mort de faim environ cinquante personnes sur cinq cents, qu'on mangeait des chardons crus et toutes sortes de bêtes, et qu'un enfant, pressé par la faim, coupa avec ses dents un doigt à son frère, et l'avala, n'ayant pu arracher au pauvre petit une limace que celui-ci avait mangée[1]. Cela n'était pas tout le temps aussi horrible; mais la misère et la faim étaient continuelles, et bien rares étaient ceux qui mangeaient leur soûl de pain d'orge et d'avoine. « *Lisez les voyageurs des deux derniers siècles; vous les voyez stupéfaits en traversant nos campagnes, de leur misérable apparence, de la tristesse, du désert, de l'horreur de pauvreté, des sombres chaumières nues et vides, du maigre peuple en haillons. Ils apprennent là ce que l'homme peut endurer sans mourir*[2]. »

Et pendant ce temps-là, les barons et les abbés s'amusaient à Versailles ! Tenez, j'ai tort de me fâcher, mais quand je vois des fils de serfs dire du mal de la Révolution qui leur a donné la liberté, la tranquillité, la propriété, je ne peux pas me retenir !

Et ces **droits féodaux** n'étaient pas les seules misères du pauvre paysan d'avant la Révolution. En outre des impôts dus aux seigneurs, il y avait les impôts dus au roi pour les services généraux de l'État. Il y avait toutes sortes de taxes, sans compter la **corvée du roi.** Les trois principales étaient : la **gabelle**, les **aides**, la **taille.**

La **gabelle** était un abominable impôt perçu sur le sel, matière indispensable à la nourriture de l'homme. Et non seulement il fallait payer, et très cher, pour le sel que l'on mangeait, mais on vous taxait à l'avance comme

1. Historique. Placard affiché à Paris par le comité de charité. (Eug. Pelletan, *Décadence de la monarchie*, p. 144.)
2. Michelet, *Histoire de la Révolution*, introd.

il plaisait au collecteur, et il fallait payer même pour le sel qu'on ne mangeait pas.

Les **aides** correspondaient à nos impôts indirects; mais ils étaient terribles de dureté, et il s'y faisait un tel pillage, que le tiers tout au plus entrait dans les caisses du roi.

SEPTIÈME LEÇON

LA TAILLE. — COMMENT ON PAYAIT LES IMPÔTS. — OU ALLAIT L'ARGENT DES IMPÔTS.

— Enfin la **taille** était l'impôt direct foncier; seulement, au lieu d'être établi comme aujourd'hui sur la valeur de la terre, il l'était à la fantaisie du collecteur, sur la richesse présumée du propriétaire. Aussi chacun faisait ce qu'il pouvait pour paraître pauvre. Quand une personne payait bien la taille, vite on l'augmentait, la déclarant fort riche[1].

De sorte que tout le monde chicanait sur le payement. Tandis qu'aujourd'hui l'impôt foncier est payé sans difficultés, il fallait autrefois pour le recueillir une véritable armée. En 1784, le nombre des collecteurs d'impôts s'élevait à 250,000[2]. On mettait les contribuables en prison, on vendait leurs meubles, on allait jusqu'à arracher les portes et les solives de leurs maisons[3].

Et dans les mauvaises années, quand les gens du roi avaient tout pris, arrivaient ceux du seigneur et de l'abbé. Alors jugez de la désolation. On abandonnait tout, et l'on se sauvait dans les bois. Les jeunes gens se faisaient soldats, ou contrebandiers, ou brigands; les vieux et les petits mouraient de faim[4].

1. Mirabeau, *l'Ami des hommes*, t. II.
2. Necker, *de l'Administration de la France*, t. I.
3. Vauban, *la Dixme royale*.
4. « De toutes parts, on aperçoit des maisons en ruines ou abandonnées. J'ai vu des villages où ces masures en décombres faisaient plus d'un tiers du lieu. Le même fardeau d'impositions subsistait néanmoins toujours. » (Legrand d'Aussy, 1788.)

Encore, si tout le monde avait payé également! Mais non, le pauvre peuple seul payait pour la terre, en moyenne la moitié de la valeur du revenu; les **nobles** et le **clergé,** rien du tout; et ils possédaient les deux tiers du territoire. A-t-on jamais rêvé une injustice pareille? *Ils écrasaient leurs paysans d'***impôts*** que doublaient ceux du roi, et ils n'en* **payaient pas** *eux-mêmes!* Étonnez-vous après cela qu'on appelât les paysans des **ahaniers** *, parce qu'ils travaillaient, geignaient et souffraient. C'était un véritable enfer.

Les autres impôts étaient distribués avec la même iniquité; pour la **capitation** *, par exemple, espèce d'impôt sur le revenu, un bourgeois qui avait 12,000 livres de revenu payait **1,500 francs** d'impôt, un noble n'en payait que **75.** *Le clergé, lui, ne payait rien du tout.*

J'ai retrouvé, dans les papiers de la paroisse qu'on a apportés à la commune, une lettre de réclamation d'un cultivateur de ce pays-ci, qui passait pour riche. Il disait : « *Je suis misérable, parce qu'on me prend trop;* « *on me prend trop, parce qu'on ne prend pas assez aux* « *privilégiés. Non seulement les privilégiés me font* « *payer à leur place, mais encore ils prélèvent sur* « *moi leurs droits féodaux. Quand, sur mon revenu de* « *100 francs, j'ai donné 53 francs au* **collecteur du** « **roi,** *il faut que j'en donne 14 au* **seigneur,** *et sur* « *les 33 qui me restent, je dois en outre satisfaire le* **rat** « **de cave** * *et le* **gabelou** * 1 ».

Et tout cet argent, où allait-il? Un tiers, la moitié tout au plus, arrivait au roi. Et le roi, qu'en faisait-il? Ce qu'il voulait; *jamais il n'en rendait compte à personne.* Point de **Chambres,** point de **Budget.** Il donnait ce qu'il lui plaisait à ses parents, à ses courtisans, à ses valets, et le reste allait aux **deniers publics**. Et quelles dépenses inouïes ! **Louis XVI** avait 2,500 chevaux, 1,450 cochers et laquais, et son cuisinier recevait 84,000 francs.

1. Taine, p. 484.

Sa **maison** et celle de ses frères, c'est-à-dire leurs domestiques et leurs fêtes, coûtaient 60 millions par an, qui en valent plus du triple aujourd'hui [1].

Sur un emprunt de 100 millions fait en 1785, et payé naturellement par le pauvre paysan, deux frères du roi, qui furent depuis **Louis XVIII** et **Charles X**, prélèvent, il vaudrait mieux dire volent, l'un 25 millions, l'autre 56 millions[2]. Et, tandis que, suivant le dire de l'évêque de Chartres au roi Louis XV : « *Les hommes* « *mangent l'herbe comme des moutons et crèvent comme* « *des mouches,* » le gouverneur du Languedoc reçoit par an 160,000 francs, et l'archevêque **de Paris** **200,000 francs.** Monsieur de Brienne, un des derniers ministres de Louis XVI, touchait 678,000 francs de revenus.

HUITIÈME LEÇON

COMMENT C'ÉTAIT EN TEMPS DE GUERRE.

— **Et tout cela, c'était en temps de paix ! Jugez un peu quand il y avait la guerre, quand le soldat, ami ou ennemi, passait dans le village.**

D'abord les soldats, c'était le paysan qui les fournissait. On tirait la **milice** au sort, mais *presque tous les jeunes gens étaient exemptés, sauf les fils de paysans ;* aussi la plupart partaient pour six ans. Et pendant ce temps, mal vêtus, mal nourris, mal payés, ils n'avaient en campagne que ce qu'ils prenaient sur le paysan. J'ai là un abrégé d'une histoire écrite par un savant prêtre, nommé dom Carlier. Écoutez ce qu'il dit des ravages exercés en Bourgogne, chez ses compatriotes, par l'armée du **grand Condé,** du vainqueur de Rocroy, du héros tant chanté par les poètes : « *Les registres des*

1. Boiteau, *État de la France en 1789*, p. 148.
2. Jouancoux, *Histoire des paysans français*, p. 111.

« *églises sont semés de traits de barbarie qui font hor-*
« *reur. Les soldats ne s'en tenaient pas au pillage, ils*
« *exerçaient encore toutes sortes de cruautés. A peine*
« *parcourait-on quelque partie du chemin sans rencon-*
« *trer des gens mutilés, des membres épars, des femmes*
« *coupées par quartiers, des hommes expirant sous des*

On a chassé et banni les habitants de toute une grande rue de Rennes.

« *ruines, d'autres enfin percés de broches ou de pieux*
« *aiguisés.* »

Voilà le **bon vieux temps** que vante le fils Dupontville ! Le regrettez-vous, mes enfants ?

— Oh ! monsieur, si c'est possible ! Mais comment
faisait-on pour vivre alors ? Pourquoi les paysans ne se
sauvaient-ils pas pour aller travailler à la ville ? On
devait être plus tranquille là.

— Oui et non, mon ami. Quand le soldat s'en
mêlait, on n'avait pas la ressource de se sauver dans
les bois : « *Voulez-vous savoir des nouvelles de
Rennes ?* » écrivait à sa fille une belle marquise pleine
d'esprit, mais tout à fait sans cœur, qu'on appelle

madame de Sévigné. « *On a chassé et banni tout*
« *une grande rue, et défendu de recueillir les habitants*
« *sous peine de la vie ; de sorte qu'on voyait tous ces*
« *misérables, vieillards, enfants, errer et pleurer au*
« *sortir de cette ville, sans savoir où aller, sans avoir*
« *de nourriture. On a pris soixante bourgeois, et on*
« *commence demain à pendre. Cette province est d'un bel*
« *exemple pour les autres* [1]. » Vous voyez, cela l'amuse,
la marquise ; ce ne sont que des **roturiers** que l'on
pend !

NEUVIÈME LEÇON

LES MAITRISES ET JURANDES.

—Mais on ne pendait pas toujours, me direz-vous, et
le paysan à la ville aurait trouvé quelque secours ?

Ah ! que vous vous trompez ! Quand il y allait, il était
bien reçu ! D'abord, il n'était pas bon à grand'chose, tout
engourdi de misère et sans nulle instruction ; car il n'y
avait pas d'écoles ici ni aux alentours, sauf que M. le
curé, qui était un brave homme, guère plus riche que ses
paroissiens, malgré la dîme dont il envoyait la plus forte
part à son évêque, apprenait à quelques garçons à signer
leur nom et à lire le psautier*. Mais s'il voulait se mettre
à un métier, que d'affaires !

Ce n'était pas comme aujourd'hui, où n'importe lequel
d'entre vous, en sortant de l'école, peut se faire apprenti
menuisier, serrurier, charpentier, suivant son goût,
changer d'atelier, et finalement acheter un fonds ou
monter une industrie, s'il a quelque argent. Et puis si
cette industrie ne va pas, en prendre une autre, ou en
ajouter une autre en toute liberté.

Non pas ! Il fallait dans ce temps-là commencer par le
commencement, et ne pas marcher vite : **apprenti** d'a-

1. Lettre du 30 octobre 1675.

bord pendant cinq ans chez le même maître, qui ne pouvait avoir qu'un seul apprenti, puis **compagnon** pendant cinq ans, après quoi on pouvait passer **maître**, à condition de faire un **chef-d'œuvre** accepté par les autres maîtres, et de payer une bonne somme d'argent. Sans compter qu'il fallait être bon catholique : *ni juifs ni protestants ne pouvaient être maîtres*. Et notez que les maîtres avaient intérêt à refuser le nouveau venu pour éviter un concurrent de plus.

Une fois maître, on ne pouvait faire que juste le métier dont on avait la **maîtrise**. Autrement, procès ; procès aussi si l'on changeait de pays, si, maître maçon de Paris, on voulait aller exercer à Rennes ou à Lille. Et que de difficultés !

Les tailleurs ont plaidé contre les fripiers pendant près de deux cents ans pour empêcher ceux-ci de vendre des habits presque neufs ; les savetiers et les cordonniers ont eu un procès semblable. Les rôtisseurs ont obtenu après 150 ans, par arrêt du Parlement de Paris, qu'on empêchât les *poulailliers* (marchands de volailles) de vendre des poules à la broche.

Tout cela, c'est ce qu'on appelait les **maîtrises** ou **jurandes**, que la Révolution a abolies, laissant ainsi le travail libre, comme cela est justice et raison ; car enfin *chacun doit pouvoir faire ce qu'il veut, à la condition de ne pas nuire à son voisin*, comme nous l'avons déjà dit.

Voilà encore un grand bienfait de la Révolution. Mais si nous voulons la bien comprendre tout entière, il faut reprendre tout ce que nous avons dit jusqu'ici de l'**Instruction civique**, et le comparer au passé. Et vous verrez alors le mal qu'on a eu en 1789 pour en finir avec l'horrible *bon vieux temps* [1], et amener le régime d'honnêteté et de bon sens où nous vivons aujourd'hui.

---

1. « Le paysan du moyen âge... était peut-être moins opprimé, moins ignorant, moins grossier que celui des derniers temps de la monarchie absolue. » (Vicomte de Chateaubriand.)

DIXIÈME LEÇON

LE SERVICE MILITAIRE.

— Prenons le **service militaire** d'abord.

Je vous ai dit avec quelle facilité on s'en exemptait. Il *suffisait d'être valet de gentilhomme* * *pour échapper au service militaire*[1] « La modicité de la solde du soldat, « dit un écrivain de ce temps, la manière dont il est « couché, habillé, nourri, son entière dépendance, ren- « draient *trop cruel de prendre un autre homme qu'un* « *homme du bas peuple*[2] »

Les pauvres fils de paysans et d'ouvriers, qui seuls entraient dans la milice, devaient, quels que fussent leur intelligence et leur courage, rester soldats ou sergents tout au plus *Pour être officier il fallait, sauf dans des cas tout à fait exceptionnels, être noble, et il suffisait d'être noble :* il y avait des colonels de seize ans. On achetait, étant noble, un régiment, comme on achète un cheval Pour les non-nobles, rien En 1789, **Hoche**, fils d'un pâtissier, **Soult, Augereau,** fils d'un maçon, **Masséna, Lefebvre,** fils d'un meunier, étaient sous-officiers, en 1792, **Lannes,** fils d'un garçon d'écurie, **Moreau, Ney,** ouvrier tonnelier, **Junot, Brune, Davoust, Murat,** fils d'un aubergiste, étaient simples soldats Tous ces héros seraient morts sous-officiers sans la Révolution; quatre ans après ils étaient généraux, et quels généraux! Je nous en souhaite de pareils.

Et pourtant, le paysan se battait au moins aussi bien que les nobles. On l'a bien vu après l'émigration ; les régiments de nobles, où ils étaient tous officiers, ont été rossés bien vite par les volontaires, paysans et ouvriers de 1792, « la cohue des savetiers », comme disaient les beaux messieurs émigrés.

---

1. Monteil, *Histoire des Français des divers états,* t. **X.**
2. De Tocqueville, *l'Ancien Régime,* p. 198.

ONZIÈME LEÇON
L'IMPÔT. — LA JUSTICE.

— Je vous ai assez parlé de l'**impôt** ; ce n'est pas la peine d'y revenir. Rappelez-vous que le *roturier payait seul, que le roi prenait ce qu'il voulait, et ne rendait compte de rien* ; cela suffit. Notez qu'il était grugé par les nobles, qui passaient leur vie auprès de lui à mendier. Les plus riches quémandaient et recevaient d'énormes pensions ; des dizaines de millions étaient donnés souvent pour des motifs honteux. « *Quand je vis que tout le monde tendait la main*, racontait un prince, *je tendis mon chapeau*[1]. »

Et la **justice** ! A dire le vrai, il n'y avait pas de justice du tout. Mais, en revanche, il y avait terriblement de juges, et de bien des espèces. Les seigneurs avaient leurs juges d'abord, qu'ils nommaient, payaient et destituaient à volonté ; vous pensez quelle confiance le paysan pouvait avoir en eux ! Aussi il se gardait bien de plaider contre son seigneur. D'ailleurs, comme disait le proverbe : « *Entre le seigneur et le vilain il n'y a de juge que Dieu.* » Puis, il y avait les **juges du roi.** Mais quand on plaidait contre un grand personnage, il fallait aller droit au **Parlement,** et là intriguer et payer les juges.

Oui, payer les juges, leur donner ce qu'on appelait les **épices.** Sans cela, condamné. Ainsi on achetait la justice, et le plus riche avait presque toujours raison : cette chose honteuse paraissait toute naturelle.

Quand il s'agissait d'une accusation de crime, on mettait le pauvre accusé à la **torture,** on lui brisait les os, disloquait les membres, brûlait les pieds, jusqu'à ce qu'il eût avoué ou fût estropié. Jugez un peu de l'honnêteté des jugements. Et alors les juges condamnaient à leur fantaisie, **à l'arbitraire,** comme on disait.

Et le roi renchérissait sur le tout, gardant, pour en tirer profit, les prisonniers aux galères après leur temps de condamnation expiré. Car les **galériens,** qui me-

---

1. Duruy, *Histoire de France*, t. II, p. 457.

naient une vie terrible, ramant sans relâche sur les galères royales, sous le fouet des *gardes-chiourmes*, étaient difficiles à se procurer. On sollicitait les juges d'en envoyer plus souvent, et alors on expédiait par bandes des contrebandiers, des marchands de sel, des braconniers ou des protestants, ou même parfois les gens rencontrés en route. Sans cela, il fallait en acheter aux Turcs, qui vendaient à Louis XIV, au roi *très chrétien*, 300 francs des chrétiens volés en Hongrie ou en Russie.

DOUZIÈME LEÇON
LA JUSTICE (*Suite*). — ADMINISTRATION.

— Mais, bien entendu, tout cela était pour les roturiers ; on ne mettait guère les nobles à la torture, et on

Avant la Révolution, il n'y avait que des sujets.

les envoyait encore bien moins aux galères. Les plus grands crimes des nobles trouvaient le roi bienveillant ; et la peine, quand il y en avait une de prononcée, était toujours commuée : quelque retraite loin de Versailles, quelque exil, à la grande rigueur quelque prison, et tout était dit.

Ajoutez que quand on condamnait à mort, il y avait des peines horribles. *En 1786, à Abbeville, un jeune homme de dix-huit ans fut condamné, pour avoir cassé une croix* (encore ce n'était pas vrai), *à être roué,* c'est-à-dire à avoir les quatre membres rompus à coups de barre de fer, *puis à être brûlé vif :* n'est-ce pas horrible ? Du reste, on pendait pour un rien, pour quelques sous volés par un domestique.

L'équité dans la justice, la fixité des peines et l'égalité des peines pour tous les coupables d'un même délit, quel que soit leur rang, datent de la Révolution.

Et pouvait-il y avoir justice quand il n'y avait pas de lois? On en avait barbouillé beaucoup, et de quoi ruiner les plaideurs; mais à quoi cela servait-il? Le roi faisait ce qu'il voulait.

En 1766, Louis XV disait au Parlement. « *C'est en ma personne seule que réside l'autorité souveraine... C'est à moi seul qu'appartient le pouvoir législatif, sans dépendance et sans partage ! L'ordre public tout entier émane de moi... Mon peuple n'est qu'un avec moi* [1]. »

Avec ces idées-là, il n'était guère besoin de **parlement**, et on aurait bien fait rire nos rois, en leur parlant de **chambre des députés** et de discussion. Mais quelle colère, si on leur eût parlé du **peuple souverain** et du **suffrage universel !** C'est à la Révolution que nous devons tout cela. *Il n'y avait avant elle que des sujets obéissants : elle a fait des citoyens libres.*

Je vous ai parlé de l'**administration.** Vous avez vu qu'aujourd'hui, malgré une complication nécessaire, cela est très clair, en somme, et j'ai pu vous l'expliquer en peu de temps. Mais pour ce qui se passait avant

1. Taine, p. 16. — « La France n'avait nulle loi générale, positive, écrite. » (Lally-Tollendal, 1789.)

la Révolution, je ne voudrais pas me hasarder à vous
le décrire. Les plus habiles s'y perdaient. D'ailleurs, tout
changeait de province à province, comme les **poids**
et les **mesures** où personne ne se reconnaissait, et
que la Révolution a remplacés par le **système métrique,** si commode, si simple. Rien ne ressemblait à
ce que nous voyons aujourd'hui. Ainsi, pour prendre un
exemple, les lettres que nous envoyons par la poste sont
respectées de tous, et personne ne s'aviserait de les dé-
cacheter par curiosité, *pour ouvrir les lettres il faut un
ordre des magistrats.* Or, à Paris, il existait un **cabinet
noir,** où l'on décachetait chaque matin toutes les lettres
dont il plaisait à la police de **connaître** le contenu[1].
Aujourd'hui, le **registre** des naissances, mariages
et décès, de l'**état civil** comme on dit, est chose sacrée ;
celui qui y toucherait irait en cour d'assises. Jadis, le roi
en prenait tout à fait à son aise, et faisait arracher les
feuillets quand il y avait quelque intérêt.

TREIZIÈME LEÇON
CE QU'ÉTAIT LA LIBERTÉ AVANT LA RÉVOLUTION.

— Et maintenant vous pensez bien ce qu'étaient la
Liberté, l'**Égalité,** la **Fraternité,** sous un pareil
régime.

La **Liberté ?** Mais laquelle, d'abord ? Nous savons
déjà à quoi nous en tenir sur la **liberté du travail,**
de l'**association,** du **commerce,** de l'**industrie,**
et la **liberté politique** dans un temps où personne
ne votait.

Est-ce la **liberté de la presse ?** Pour avoir écrit
quelques vers contre une dame de la cour, **Latude** fut
enfermé pendant 35 ans à la **Bastille,** sans jugement,
bien entendu. Et l'on était obligé de faire imprimer en
Hollande la plupart des livres, que les contrebandiers
introduisaient en France, au risque des galères. Il y avait

1. Eug. Pelletan, *Décadence de la monarchie,* p. 63.

« *peine de mort contre quiconque composait, imprimait,*
« *colportait des écrits tendant à attaquer la religion ca-*
« *tholique[1].* »

Est-ce la **liberté individuelle?**

D'abord il y avait les serfs, qui ne pouvaient quitter le
sol, ni se marier, sans la permission du maître. Mais les
gens libres eux-mêmes se voyaient tout à coup, sans

Les Dragonnades*.

savoir pourquoi, arrêtés, jetés en prison, et détenus
parfois indéfiniment dans quelque *bastille** en vertu d'un
ordre du roi, d'une **lettre de cachet.**

Et croyez-vous que cette lettre d'où dépendait la liberté
d'un homme, sa fortune, son honneur, ne fût délivrée
qu'avec grand soin, comme font aujourd'hui nos magistrats pour le **mandat d'arrêt** *? Tant s'en faut! *Le
roi signait les lettres de cachet en blanc*, et ses ministres
les donnaient ou les vendaient à leur fantaisie.* Un seul
ministre de Louis XV, **Saint-Florentin,** en a donné
50,000 ; les laquais du ministre en faisaient commerce.
En 1770, un grand personnage, **M. de Malesherbes,**

1. Édit du 16 avril 1757.

dit au roi : « *Sire, aucun citoyen, dans votre royaume,*
« *n'est assuré de ne pas voir sa liberté sacrifiée à une*
« *vengeance, car personne n'est assez grand pour être à*
« *l'abri de la haine d'un ministre, ni assez petit pour*
« *n'être pas digne de celle d'un commis de ferme.* »

Voilà le *bon vieux temps!*

Et la **liberté de conscience,** enfin ?

Ah ! il fallait être catholique et bon catholique, allant
à la messe régulièrement, et faisant ses **pâques** *. Sans
quoi d'abord, pas d'emplois publics, pas de maîtrise de
métiers. Puis, les protestants ni les juifs ne pouvaient
point avoir de temples à eux et prier Dieu en commun
à leur manière.

On n'inscrivait pas leurs enfants sur les registres de
l'état civil, tenus par les curés, ni leurs mariages, ni leurs
décès. Le temps n'était pas loin où l'on traînait leurs ca-
davres sur la claie pour les jeter aux fossés, où l'on enle-
vait les enfants des protestants pour les mettre au couvent
ou les tenir en prison. *En 1762, un ministre protestant
nommé La Rochette, fut condamné à mort et exécuté
pour avoir prêché sa religion.* Le roi, à son sacre, prêtait
le serment suivant : « *Je jure de m'appliquer sincèrement
et de tout mon pouvoir à exterminer de toutes les terres
soumises à ma domination les hérétiques nommément condamnés par l'Église.* »

Dans les *dragonnades* * des Cévennes, affreux massacres des protestants par de Bâville, Montrevel, de Broglie, etc., « il périt cent mille hommes et femmes, et de
« ce nombre il y eut la dixième partie qui finit par le
« feu, la corde ou la roue [1]. »

Voilà pour la **Liberté.**

QUATORZIÈME LEÇON
L'ÉGALITÉ ET LA FRATERNITÉ AVANT LA RÉVOLUTION.

— Et l'**Égalité ?** Nous savons déjà que penser de
l'égalité devant le service militaire, devant l'impôt, de-

---

1. Boulainvilliers, *État de la France,* 1727.

vant la justice. Tout était basé au contraire sur l'inégalité. *Le noble avait la prétention d'être d'une autre race que le roturier.*

C'était, disait-il, *la noble race des conquérants.* Aux roturiers, tous les devoirs ; aux nobles, tous les droits et aussi au clergé. Au-dessus, *le roi, le premier des gentilshommes**, qui commandait souverainement à tous, sans s'inquiéter des désirs, des plaintes de son peuple ; *il gouvernait en vertu du* **droit divin.**

L'idée de l'inégalité était tellement entrée dans la cervelle de tout le monde, que les roturiers eux-mêmes s'ingéniaient à inventer des privilèges. Je vous ai dit combien il était difficile au simple ouvrier de devenir **maître.** Mais pour les fils de maître, rien de plus aisé ; point de droit à payer, point de **chef-d'œuvre** à faire.

Jusque dans la famille, l'inégalité régnait. Aujourd'hui, quand un père de famille meurt, ses enfants partagent également son bien, comme cela est justice. Avant la Révolution, dans la plupart des provinces, l'aîné prenait tout, et donnait quelque argent à ses frères et sœurs, qui vivaient comme ils pouvaient et souvent entraient au couvent. C'était l'affreux **droit d'aînesse,** aboli par la Révolution.

Non, on ne pensait pas à l'**Égalité,** c'est-à-dire à la justice. On ne pensait qu'aux privilèges, aux passe-droits, c'est-à-dire à l'iniquité et aux caprices.

La Révolution a changé tout cela.

Et la **Fraternité ?** Était-il possible d'y songer dans un état pareil ? Parlez donc de fraternité à des moines qui possédaient des serfs ! Quelle fraternité pouvait-il y avoir entre les nobles orgueilleux et les pauvres roturiers ? *Un orateur roturier ayant un jour comparé les membres du clergé à des frères aînés, ceux de la noblesse à des puinés, et ceux de la bourgeoisie à des cadets, fut réprimandé et forcé de faire des excuses*[1].

1. Bonnemère, *Histoire des paysans*, t. II, p. 13.

Partout, on ne rencontrait que mendiants par bandes[1].
Puis, de temps en temps, on les ramassait par milliers,
et l'on envoyait ramer aux galères tous ceux qui étaient
valides, « encore qu'ils ne fussent prévenus d'aucun
crime ni délit[2] ».

Sans doute, la charité s'exerçait : il y a toujours eu de
braves cœurs, dans tous les temps, dans tous les rangs,
dans tous les partis. Il y avait bien des hôpitaux, dus le
plus souvent à des fondations généreuses ; mais quels
hôpitaux ! A l'Hôtel-Dieu de Paris, les malades cou-
chaient huit dans le même lit, quatre par quatre, la tête
aux pieds, et quand il en mourait un, les autres passaient
la nuit à côté. « A Bicêtre, dit le premier ministre
« Necker, j'ai trouvé dans un même lit neuf vieillards
« enveloppés dans leurs linges corrompus. » Aussi les
juges condamnaient quelquefois à tant d'années d'hôpital, comme à de la prison.

Eh bien ! avais-je raison ? Tout ce dont nous jouissons
aujourd'hui ne nous vient-il pas de la Révolution ?

Allez, mes enfants, rappelez-vous-le bien, la *Révolu-*
tion, pour nous autres, qui étions du pauvre peuple, ça
été la grande bienfaitrice et la grande libératrice. Est-ce
votre avis maintenant, ami Jules ?

— Oh ! oui, monsieur. Mais...

QUINZIÈME LEÇON
QUI SÈME LE VENT RÉCOLTE LA TEMPÊTE. — LA RÉVOLUTION
NOUS A DONNÉ LA LIBERTÉ, L'ÉGALITÉ, LA FRATERNITÉ.

— Mais quoi ?

— Mais, monsieur, M. de Dupontville racontait que,
sous la Révolution, on est allé brûler le château de
M. de Saint-Yriex, même qu'il n'en reste plus qu'une
tour pleine de chouettes, et qu'à Paris on guillotinait
beaucoup de monde tous les jours. Ce n'était pas beau,
tout de même.

1. En 1777, on comptait en France 1,200,000 mendiants. (Monteil, *Histoire des Français*, t. X.
2. Ordonnance royale de 1764.

— C'est vrai, mon enfant, ce n'était pas beau. Mais,
voyez-vous, parce que, après le grand effort de 1789, devant les résistances du clergé et de la noblesse, devant
les traîtrises des émigrés [1] et du roi, et enfin devant les
famines, les brigandages et les révoltes organisés, le peuple est devenu furieux de tant de misères et de tant de
lâchetés ; parce qu'il s'est emporté, et qu'il y a eu des
crimes commis, ce n'est pas une raison pour que la

Les paysans d'avant la Révolution.

Révolution n'ait pas été un immense bienfait. Le château
du baron a été brûlé, on le sait bien dans ce pays-ci,
par le fils d'un pauvre diable que le baron avait envoyé
aux galères pour avoir tué un cerf : « *Qui sème le vent
récolte la tempête.* » Et si l'on veut pleurer sur le
sort de ceux qui ont été guillotinés, je le comprends et je
l'approuve, parce qu'il y avait parmi eux bien des
innocents, et même de vrais amis du peuple ; mais je veux
qu'on pleure aussi sur les millions d'hommes qu'ont fait

1. Rappelons le mot infâme du général marquis de Bouillé, en
émigrant : « *Je connais les chemins de la France, et j'y guiderai
les armées étrangères.* » (Lettre à l'Assemblée, en juillet 1791.)

périr le pacte de famine*, les dragonnades, les pillages, les longues misères et la faim, pour subvenir aux amusements des nobles, du clergé et des rois.

Vous avez bien vu ce qui est arrivé l'autre jour au malheureux père Claude. Il a trop serré son pressoir, la barre a cassé, l'a tué raide, et a blessé le grand Jacques qui regardait. Eh bien ! c'était la même chose : *à force d'être pressuré, le pauvre peuple a cassé le pressoir et*

Les paysans d'aujourd'hui.

assomme les presseurs, et aussi d'autres qui se trouvaient là et qui n'en pouvaient mais.

Ce qui n'empêche pas que quand vous trouverez des gens qui diront du mal de la Révolution devant vous, il faudra leur répondre :

« *Nos pères étaient* **serfs,** *elle les a rendus* **libres;**
« *nos pères étaient des* **sujets,** *elle en a fait des* **ci-**
« **toyens.** *C'est grâce à elle que le* **peuple** *est aujour-*
« *d'hui* **souverain.** *Si nous sommes libres, si l'on ne*
« *nous pille plus, s'il y a une justice, c'est à elle que*
« *nous le devons. C'est elle qui nous a donné la* **Liberté,**
« *l'***Égalité,** *la* **Fraternité.** *Que son nom soit béni!*»

Voilà, mes enfants, tout ce que je pouvais vous dire sur l'**enseignement civique**. Il reste sans doute bien des détails à apprendre. Mais si vous avez bien suivi mes explications, vous en savez assez pour comprendre que *nous vivons dans un temps heureux, où la* **justice** *règne, parce que c'est la* **Nation** *tout entière qui fait la loi, et que la* **loi** *seule commande*.

Il faut donc aimer et vénérer la mémoire de ceux qui, à force de courage, et par tant de misères et de souffrances, nous ont procuré ces bienfaits.

Et si nous voyons encore quelque chose de mal, car tout n'est pas parfait, tant s'en faut, au lieu de se **plain-dre** et de se fâcher, il faut travailler à corriger ce qui est mal, afin que ceux qui nous suivront disent à leur tour de nous : *c'étaient de braves gens, de bons patriotes, de vrais Français*.

Une autre manière d'honorer les grands morts, c'est d'obéir à leurs volontés, de n'agir que suivant la **justice**, de penser à la liberté des autres autant qu'à la sienne propre, et de n'oublier jamais qu'*à chacun de nos* **droits** *correspond un* **devoir**.

Et, maintenant, allez vous amuser, mes enfants, vous l'avez bien gagné. Mais, avant de nous séparer, crions tous : **Vive la République !**

RÉSUMÉ

1. Avant la Révolution, le peuple ne possédait qu'un quart du territoire ; le reste appartenait au roi, aux nobles, au clergé.

   Le peuple seul payait l'impôt pour la terre : les nobles et le clergé ne payaient rien.

2. Il y avait alors des centaines de mille serfs attachés à la glèbe, ne pouvant ni quitter le sol ni posséder.

3. Les droits féodaux étaient écrasants et humiliants.

4. Le seigneur seul pouvait chasser et pêcher. En chassant, il détruisait tout sans indemnité.

5. Le seigneur avait droit de justice ; il nommait, payait et révoquait son juge.

6. On ne pouvait récolter avant que le seigneur eût récolté, ni vendre avant qu'il eût vendu.

7. On devait entretenir, par corvées gratuites, les chemins, le château.

8. Il fallait en outre payer la dîme du clergé.

9. Le seigneur avait un moulin banal, un four banal, un pressoir banal, auxquels on était tenu de porter son blé, sa farine, sa vendange.

10. Il y avait en outre les tailles seigneuriales en cas de mariage ou de naissance.

11. La majorité des seigneurs n'employait qu'à ses plaisirs l'argent ainsi tiré du paysan.

    Aussi y avait-il de terribles misères et des famines presque incessantes.

12. Les impôts principaux dus au roi étaient la gabelle, les aides, la taille. Ils s'établissaient sans souci de la justice.

13. Le roi ne rendait aucun compte des impôts

reçus, et en **donnait une part effrayante aux** nobles.

14. En temps de guerre, le passage des soldats, même amis, occasionnait d'horribles ravages.

15. Dans les villes, les maîtrises et les jurandes enlevaient à l'ouvrier toute liberté. Les maîtres n'étaient pas plus libres.

16. Les fils de paysans et d'ouvriers étaient presque seuls soldats. Ils ne pouvaient devenir officiers. Ces grades étaient réservés aux nobles, qui pouvaient les acheter.

17. On payait les juges, et les plus riches avaient presque toujours raison.

18. On mettait les accusés à la torture, et on les condamnait à des peines arbitraires.
Le Roi sollicitait les magistrats de lui envoyer des galériens pour ramer sur ses vaisseaux. Les peines étaient terribles de cruauté.

19. Le Roi faisait ce qu'il voulait; il n'y avait que des sujets, point de citoyens.

20. L'unité des poids et mesures, le système métrique, datent de la Révolution.

21. La liberté de la presse n'existait pas plus que celle du travail, du vote, etc., etc.

22. On délivrait par milliers, et l'on vendait même, des lettres de cachet à l'aide desquelles on arrêtait les plus honnêtes gens.

23. Les protestants et les juifs ne pouvaient avoir de temples et leurs enfants n'étaient pas inscrits à l'état civil.

24. Les nobles se croyaient d'une autre race que les roturiers.

25. Le droit d'aînesse établissait l'inégalité dans la famille.

26. La Liberté, l'Égalité, la Fraternité, datent de la Révolution.

27. Sans doute il y a eu des excès et des crimes sous la Révolution ; mais il y en a eu bien davantage dans le *bon vieux temps*, et l'on n'en dit rien parce qu'il ne s'agissait que de paysans.

28. La Révolution a transformé des serfs en hommes libres ; de sujets elle en a fait des citoyens. Elle a proclamé la souveraineté du peuple. Elle a ramené le régime de la justice. Que son nom soit béni !

29. Il faut honorer la mémoire de ceux qui ont tant fait pour nous, et tâcher d'en faire autant pour ceux qui viendront après nous.

30. Il faut n'agir que suivant la justice, penser à la liberté des autres autant qu'à la sienne propre, et n'oublier jamais qu'à chacun de nos droits correspond un devoir.

EXERCICES ORAUX OU ÉCRITS.

1. Quelle portion de territoire possédait le peuple, avant la Révolution, et à qui appartenait le reste ? — Qui est-ce qui payait l'impôt pour la terre ?

2. Y avait-il des serfs et quelle était leur situation ?

3. Qu'étaient les droits féodaux pour le peuple ?

4. Qui est-ce qui pouvait chasser et pêcher, et que faisait le seigneur en chassant ?

5. Comment se rendait la justice ?

6. A quel moment le paysan pouvait-il récolter et vendre ses récoltes ?

7. Comment s'entretenaient les chemins ?

8. Que payait-on en outre au clergé ?

9. Après les récoltes avait-on le droit de moudre son blé, de faire son vin ?

10. Qu'arrivait-il, en outre, en cas de mariage ou de naissance de seigneur ?

11. Que faisaient les seigneurs de l'argent ainsi tiré du paysan? — Qu'en résultait-il ?

12. Quels étaient les principaux impôts dus au roi et comment s'établissaient-ils ?

13. Quel usage le roi faisait-il de l'argent des impôts?

14. Que se passait-il dans les campagnes en temps de guerre?

15. Les travailleurs des villes étaient-ils plus heureux ?

16. Qui est-ce qui était soldat et comment s'obtenaient les grades?

17. La justice était-elle gratuite comme aujourd'hui ?

18. Que faisait-on des accusés ? Qu'est-ce que le roi sollicitait des magistrats ?

19. Que faisait le roi et y avait-il des citoyens ?

20. De quelle époque date l'unité des poids et mesures?

21. La liberté d'écrire existait-elle ?

22. En quoi consistaient les lettres de cachet?

23. Comment les protestants étaient-ils traités ?

24. Quelle était l'opinion des nobles sur leur origine ?

25. Qu'était-ce que le droit d'aînesse ?

26. De quand datent la Liberté, l'Égalité, la Fraternité ?

27. Y a-t-il eu des excès et des crimes sous la Révolution et n'y en avait-il pas eu aussi auparavant ?

28. Indiquez quelques bienfaits de la grande Révolution ?

29. Que devons-nous à nos ancêtres de la Révolution ?

30. Quelle doit être notre conduite de chaque jour?

Devoirs de rédaction.

1. Montrez ce qu'était le paysan avant la Révolution française, quels droits pesaient sur lui, à quelles coutumes odieuses il était soumis, et à qui tout cela profitait. Concluez par quelques réflexions sur les bienfaits de la Révolution.

2. Comment s'exerçaient les métiers avant la Révolution ? — Parlez des *corporations*, des *maîtrises* et des *jurandes*. — Par quels degrés fallait-il passer pour devenir maître dans une profession? — Faites voir, par des exemples, que la liberté du commerce et de l'industrie n'existait pas.

3. Faites le tableau de ce qu'était la justice avant la Révolution. — Montrez comment les peines étaient appliquées différemment, suivant que l'on était noble ou roturier.

4. C'est à la Révolution française que nous devons la belle devise : *Liberté, Égalité, Fraternité.* — Prouvez, par des exemples, que la France peut se l'attribuer aujourd'hui et l'inscrire sur ses monuments. — Expliquez pourquoi les empereurs et les rois la faisaient effacer dès leur avènement au trône.

LÉON GAMBETTA

(3 Avril 1838-31 Décembre 1882)

Mes enfants, écoutez bien la glorieuse histoire que je vais vous raconter. Vous aurez à en tirer plus d'un enseignement.

Le 3 avril 1838, un petit épicier de Cahors, nommé **Gambetta,** s'en allait à la mairie déclarer la naissance d'un fils, sous le prénom de **Léon.**

Le 2 janvier 1883, le gouvernement français décidait que des funérailles nationales seraient faites à un citoyen illustre qui venait de mourir. Quatre jours après, derrière le char funèbre, marchaient le Président de la République, les Ministres, le Sénat, la Chambre des députés, le Conseil municipal de Paris, les plus hauts dignitaires de la magistrature, de l'Université, des diverses administrations, les généraux chefs de corps d'armée suivis de deux mille officiers, l'École polytechnique, plus de cent mille délégués de la plupart des villes de France, y compris notre chère Alsace-Lorraine, et par derrière une foule innombrable. Et cet imposant cortège défilait, sur la ligne immense des plus grandes rues de Paris, au milieu de plus d'un million et demi d'hommes, de femmes et d'enfants, découverts, silencieux, consternés. La France entière portait le deuil du plus grand de ses citoyens, de **Léon Gambetta,** le fils du petit épicier de Cahors.

Pourquoi ce deuil, pourquoi ces honneurs inconnus jusqu'ici? Pourquoi l'armée inclinant ses drapeaux devant ce cercueil triomphal? Pourquoi ce petit sac plein de terre d'Alsace déposé dans la tombe aux pieds de l'illustre mort? Ah! la réponse était alors dans toutes les bouches : c'est que Gambetta avait été, pendant la guerre terrible, l'âme de la DÉFENSE NATIONALE (v. p. 18), que nul n'avait plus puissamment que lui contribué à sauver l'honneur de la France, et que c'était sur lui, surtout,

que la France comptait pour hâter l'heure de la justice
et nous faire rendre, de gré ou de force, nos concitoyens
violemment ravis.

Le pauvre petit enfant de Cahors avait bien grandi !
En 1861 il arrive à Paris, et presque sans ressour-
ces, à force d'énergie, il parvient à se faire recevoir avocat. Bientôt, sa parole ardente, l'étendue et la
variété de ses connaissances, sa générosité d'âme, une
puissance secrète pour commander et pour se faire
aimer, le placent hors de pair parmi ses contemporains.
Une plaidoirie dans laquelle il a le courage, en plein
Empire, de flétrir avec une éloquence extraordinaire le
coup d'État du 2 Décembre (v. p. 78), le désigne aux
suffrages de ses concitoyens. Nommé député en 1869, il
ne fut pas moins remarqué à la Chambre qu'au bar-
reau. Ses admirables discours faisaient grandir chaque
jour sa popularité.

Soudain, un orage épouvantable éclate sur notre malheureux pays. Napoléon III déclare follement la guerre à
l'Allemagne. En quelques semaines, malgré l'incompa--
rable héroïsme de nos soldats, nous perdons batailles sur
batailles : tout une armée est faite prisonnière à Sedan,
les Allemands envahissent nos provinces de l'Est, inves-
tissent Metz, où Bazaine commande la seule armée qui
nous reste, et Paris, enveloppé, est à peine en état de
défense.

Le peuple s'indigne et s'irrite; le 4 septembre 1870, la
République est proclamée, et Gambetta acclamé comme
un des membres du Gouvernement de la Défense nationale. Voyant qu'à Paris ne manquent ni les hommes, ni
les chefs, il part en ballon, traverse au milieu des coups
de feu les lignes prussiennes, arrive à Tours, et assume
toute la charge du Gouvernement, comme Ministre de
l'intérieur et de la guerre (6 octobre 1870).

En quel état était alors notre pauvre pays !

« Plus d'armée, plus d'armes ! Nos fusils sont dans Metz
« et Strasbourg, qui vont être prises tout à l'heure; plus

« de capsules, pas même de papier pour les cartouches,
« et, dans toute l'étendue de la France, six canons
« attelés ! Quelques fuyards, quelques évadés réunis au-
« près d'Orléans et dans le Nord. Voilà tout ce qui reste !

« Ah ! c'est bien fini, n'est-ce pas ? Qu'avez-vous à
« opposer à ces masses d'hommes qui s'avancent, qui
« entourent Paris d'un cercle si serré, que la France ne
« sent même plus battre son cœur !...

« Eh bien, non ! ce n'est pas fini ! Des armées vont
« sortir de dessous terre ; elles sortiront improvisées,
« innombrables, mal armées, mal équipées, mal enca-
« drées, quelquefois, hélas ! mal commandées. Et cepen-
« dant ces héros disputeront pied à pied le sol de la
« Patrie, balanceront la fortune et feront trembler les
« vainqueurs (1). »

C'est à la prodigieuse activité de cet avocat de trente-
deux ans, à son génie organisateur, à son patriotisme
que rien ne pouvait effrayer ni décourager, que fut dû
ce prodigieux effort. A peine a-t-il pris terre, que tout se
transforme, comme par magie.

Il découvre, on peut dire, Chanzy et Faidherbe, et
leur donne les commandements où ils ont illustré leur
nom et ramené à plusieurs reprises la victoire sous nos
drapeaux. Une armée se forme en quelques semaines et
bat les Allemands à Coulmiers. Mais le dernier espoir
semble nous manquer : Bazaine trahit, livre Metz et
ses soldats (voir p. 32). Gambetta n'est pas abattu :
« Français, s'écrie-t-il, élevez vos âmes et vos résolutions
« à la hauteur des effroyables périls qui fondent sur la
« Patrie ! Il dépend encore de nous de lasser la mauvaise
« fortune, et de montrer à l'univers ce qu'est un grand
« peuple qui ne veut pas périr, et dont le courage
« s'exalte au sein même des catastrophes ! »

Les troupes prussiennes laissées libres par la chute
de Metz triomphent, malgré d'héroïques efforts, de notre

(1) Conférence faite au Trocadéro par M. Paul Bert, le 6 août 1882.

jeune **armée**. Gambetta ne désespère pas. Tandis que, dans sa retraite sur l'Ouest, Chanzy soutient pas à pas, avec une indomptable ténacité, l'effort de l'ennemi, Gambetta organise une autre armée, et la lance à travers le Jura, au secours de Belfort, où tient toujours le colonel Denfert. S'il réussit, la retraite est coupée, et sus aux Allemands !

Mais, après la trahison des hommes, celle de la nature ! Les neiges d'un hiver extraordinairement rigoureux retardent nos bataillons, et l'Allemand peut les envelopper de forces supérieures. Gambetta ne désespère pas. Il pousse chaque jour au combat des régiments nouveaux, des canons par centaines : « Ce que nous avions de che-« mins de fer encore libres le portait tour à tour à « Orléans, à Lille, à Lyon, partout où il y avait des « plans à exécuter, des courages incertains à raffermir, « des désordres à apaiser. » (*Vapereau*).

Le siège du gouvernement a dû reculer de Tours à Bordeaux. Un tiers du sol sacré de la France est foulé par l'ennemi, Chanzy est battu au Mans, Paris se rend : Gambetta ne désespère pas encore. Il veut lutter : les Prussiens s'épuisent, dit il, l'Europe s'inquiète ; nous avons encore 600,000 hommes en armes, 2,000 canons ; des corps nouveaux vont entrer en ligne, les usines de guerre qu'il a fallu créer vont donner du matériel ; il faut tenir encore, au printemps tout peut changer ; l'âme de la France s'est réveillée d'ailleurs, et tout citoyen est maintenant un soldat. Qui osera signer le pacte qui livre à l'ennemi les plus français de nos frères, et ouvre notre frontière de l'Est ? Mais en vain Chanzy soutient Gambetta ; le sort en est jeté : l'Assemblée nationale conclut la paix de Francfort, et, au mépris de la liberté humaine, le sort des Alsaciens et des Lorrains est réglé par un marché, comme celui d'un troupeau.

Jusqu'au bout, Gambetta avait résisté. Et voilà pourquoi, enfants, on a placé dans sa tombe un petit sac plein de terre d'Alsace, avec cette inscription, symbole

de reconnaissance éternelle et d'espérance invincible:
A Gambetta, l'Alsace-Lorraine violée mais non domptée.

Certes, ces inoubliables services ne sont pas les seuls
que Gambetta ait rendus à la Patrie. S'il n'a pu vaincre
les Allemands, il a mené du moins la République à la
victoire. Nul n'a contribué plus que lui à l'établissement
de ce régime de justice, dont je vous ai montré à admirer et à respecter les bienfaits. Vous apprendrez plus
tard ce que nous lui devons pour ces luttes parlemen-
taires, où son incomparable éloquence, son suprême bon
sens et son grand cœur ont tant fait pour le droit et la
liberté ! Je ne puis ici vous en parler longuement: le do-
maine de la politique récente m'est avec raison interdit.

Mais je dois vous dire qu'en politique comme à la
guerre, il n'a jamais pensé ni à lui, ni aux siens, ni aux
intérêts étroits d'un parti ou d'une secte. L'amour sacré
de la Patrie remplissait cette âme généreuse. D'une bonté
sans égale pour ses amis, il n'eut jamais pour ses pires
ennemis une parole amère. Certes, la riposte était souvent facile. Mais « *il ne faut jamais diminuer une seule
des forces morales de la France,* » me dit-il un jour.

Le deuil de la Patrie, les hommages de tout un peuple,
vous sont maintenant expliqués, mes enfants. La France a
pleuré Gambetta, non seulement parce que nul ne l'avait
plus servie, mais parce que nul ne l'avait plus aimée.

Prenez exemple sur lui. Si jamais de nouvelles épreuves
assaillent notre France faites comme lui : ne déses-
pérez jamais, et songez avant tout à sauver l'honneur.
Si, comme j'en ai la certitude, la fortune qui nous a été
si cruelle rend justice à votre courage, rappelez-vous
qu'il a dit: « *Ma seule ambition est d'avoir ma statue à*
« *Strasbourg* »

Oui, faites comme lui, pensez sans cesse à la Patrie.
Songez qu'en faisant le bien vous augmentez et qu'en
faisant le mal vous diminuez sa grandeur morale. Et
quand le jour suprême sera venu, puissiez-vous avoir le
droit de dire comme lui: « J'ai fait mon devoir... *Pa-*
« *triote avant tout!* »

DÉCLARATION

DES DROITS DE L'HOMME ET DU CITOYEN

VOTÉE PAR L'ASSEMBLÉE NATIONALE EN 1780.

———

Les représentants du Peuple français, constitués en Assemblée nationale, considérant que l'ignorance, l'oubli ou le mépris des droits de l'homme sont l'unique cause des malheurs publics et de la corruption des gouvernements, ont résolu de rétablir, dans une déclaration solennelle, les droits naturels, inaliénables, imprescriptibles et sacrés de l'homme, afin que cette déclaration, constamment présente à tous les membres du corps social, leur rappelle sans cesse leurs droits et leurs devoirs; afin que les actes du Pouvoir législatif et ceux du Pouvoir exécutif, pouvant être à chaque instant comparés avec le but de toute institution politique, en soient plus respectés; afin que les réclamations des citoyens, fondées désormais sur des principes simples et incontestables, tournent toujours au maintien de la Constitution et au bonheur de tous.

En conséquence, l'Assemblée nationale reconnaît et déclare, en présence et sous les auspices de l'Être suprême, les droits suivants de l'homme et du citoyen .

Article 1er Les hommes naissent et demeurent libres et égaux en droits. Les distinctions sociales ne peuvent être fondées que sur l'utilité commune.

Art. 2. Le but de toute association politique est la conservation des droits naturels et imprescriptibles de l'homme. Ces droits sont la *liberté*, la *propriété*, la *sûreté* et la *résistance à l'oppression*.

Art. 3. Le principe de toute souveraineté réside essentiellement dans la Nation ; nul corps, nul individu ne peut exercer d'autorité qui n'en émane expressément.

ART. 4. La liberté consiste à faire tout ce qui ne nuit pas à autrui ; ainsi l'exercice des droits naturels de chaque homme n'a de bornes que celles qui assurent aux autres membres de la société la jouissance de ces mêmes droits. Ces bornes ne peuvent être déterminées que par la loi.

ART. 5. La loi n'a le droit de défendre que les actions nuisibles à la société. Tout ce qui n'est pas défendu par la loi ne peut être empêché, et nul ne peut être contraint à faire ce qu'elle n'ordonne pas.

ART. 6. La loi est l'expression de la volonté générale ; tous les citoyens ont droit de concourir personnellement ou par leurs représentants à sa formation. Elle doit être la même pour tous, soit qu'elle protège, soit qu'elle punisse. Tous les citoyens étant égaux à ses yeux, sont également admissibles à toutes dignités, places et emplois publics, selon leur capacité et sans autre distinction que celle de leurs vertus et de leurs talents.

ART 7. Nul homme ne peut être accusé, arrêté, ni détenu, que dans les cas déterminés par la loi, et selon les formes qu'elle a prescrites. Ceux qui sollicitent, expédient, exécutent ou font exécuter des ordres arbitraires, doivent être punis ; mais tout citoyen appelé ou saisi en vertu de la loi, doit obéir à l'instant, il se rend coupable par la résistance.

ART. 8. La loi ne doit établir que des peines strictement nécessaires, et nul ne peut être puni qu'en vertu d'une loi établie et promulguée antérieurement au délit, et légalement appliquée.

ART. 9. Tout homme étant présumé innocent, jusqu'à ce qu'il ait été déclaré coupable, s'il est jugé indispensable de l'arrêter, toute rigueur qui ne serait pas nécessaire pour s'assurer de sa personne doit être sévèrement réprimée par la loi.

ART. 10. Nul ne doit être inquiété pour ses opinions,

même religieuses, pourvu que leur manifestation ne trouble pas l'ordre public établi par la loi.

ART. 11 La libre communication des pensées et des opinions est un des droits les plus précieux de l'homme; tout citoyen peut donc parler, écrire, imprimer librement, sauf à répondre de l'abus de cette liberté dans les cas prévus par la loi.

ART 12. La garantie des droits de l'homme et du citoyen nécessite une force publique; cette force est donc instituée pour l'avantage de tous, et non pour l'utilité particulière de ceux auxquels elle est confiée.

ART. 13. Pour l'entretien de la force publique et pour les dépenses d'administration, une contribution commune est indispensable; elle doit être également répartie entre tous les citoyens, en raison de leurs facultés.

ART. 14. Chaque citoyen a le droit de constater par lui-même ou par ses représentants la nécessité de la contribution publique, de la consentir librement, d'en suivre l'emploi, d'en déterminer la quotité, l'assiette, le recouvrement et la durée.

ART. 15. La société a le droit de demander compte à tout agent public de son administration.

ART. 16. Toute société dans laquelle la garantie des droits n'est pas assurée, ni la séparation des pouvoirs déterminée, n'a point de constitution.

ART. 17. La propriété étant un droit inviolable et sacré, nul ne peut en être privé, si ce n'est lorsque la nécessité publique, légalement constatée, l'exige évidemment et sous la condition d'une juste et préalable indemnité.

LEXIQUE

CE LEXIQUE NE DONNE QUE L'ACCEPTION DANS LAQUELLE LES MOTS MARQUÉS D'UN ASTÉRISQUE * SONT EMPLOYÉS DANS L'OUVRAGE.

—

A

Ahaniers. Nom donné par dérision aux paysans, parce qu'ils faisaient entendre le cri de *ahan* en travaillant.

Aliénés (asile d'). Établissement où sont recueillis et soignés les fous.

Alsace et Lorraine. Provinces dont la plus grande partie a été enlevée à la France par la Prusse à la suite de la guerre de 1870-1871.

Assemblée nationale. La dernière Assemblée qui porta ce nom fut nommée en 1871, après la guerre avec la Prusse; elle a gouverné la France jusqu'au 8 mars 1876.

B

Bastille. Château fort destiné le plus souvent à servir de prison. La bastille la plus célèbre est celle de Paris, qui fut prise par le peuple dans la glorieuse journée du 14 juillet 1789.

Bâton de maréchal. Bâton qui fait partie des insignes de maréchal de France, symbole de son autorité.

Batterie. La batterie comprend six bouches à feu, 155 hommes et 128 chevaux. Il y en a deux par escadron d'artillerie.

Blanc (signer en). Signer un billet, une pièce quelconque, où on laisse un blanc pour y mettre plus tard le nom de la personne que concernera la pièce, ou le chiffre de la somme qu'on souscrit.

Bourg. Gros village. Se dit encore, lorsqu'il y a des hameaux, du groupe de maisons le plus important où se trouve le centre de la commune.

Bourse. Pension payée par l'État, un département, une commune ou un particulier, pour l'entretien et l'instruction dans un lycée, un collège ou une école, d'un élève pauvre et distingué.

Brumaire. Le second mois du calendrier révolutionnaire. Les voici tous les douze par ordre : *vendémiaire, brumaire, frimaire* (pour l'automne); *nivôse, pluviôse, ventôse* (pour l'hiver); *germinal, floréal, prairial* (pour le printemps); *messidor, thermidor, fructidor* (pour l'été). L'année révolutionnaire commençait le 22 septembre, anniversaire de la proclamation de la République par la grande Convention, en 1792. Le 18 brumaire an VIII (9 novembre 1799), Bonaparte fit un *coup d'État* qui amena la chute de la première République.

C

Cadastre. Registre public dans lequel sont relatées l'étendue et la valeur des propriétés imposables.

Capitation. Impôt fixé à raison de tant par tête.

Champaubert. Village de l'arrondissement d'Épernay (Marne), célèbre par une victoire des Français sur les Russes en 1814.

Chemin vicinal. Les chemins vicinaux sont des voies moins importantes que les routes nationales, et qui sont entretenues par les communes et les départements.

Contribuable. Toute personne qui paie des contributions.

Contributions. Part que chaque citoyen doit payer pour aider aux dépenses de la nation.

Convention nationale. Assemblée mémorable qui dura trois ans (de 1792 à 1795) et dont l'activité législative et l'énergie sauvèrent la France de la tyrannie étrangère. Elle créa d'admirables institutions : le Grand-Livre de la dette publique, le système métrique, l'École polytechnique, l'Institut, le Conservatoire des arts et métiers, les Archives nationales, le Bureau des longitudes, l'École normale supérieure, etc.

Convoi. Une certaine quantité de chariots qui transportent, par exemple, les vivres et les munitions de guerre.

Corruption. Moyen qu'on emploie pour déterminer quelqu'un à agir contre son devoir et contre la justice. Corrompre un électeur, c'est lui offrir de l'argent pour obtenir sa voix.

Crèches. Établissements où l'on donne asile, pendant le jour, aux petits enfants âgés de moins de deux ans.

Croix d'honneur. Décoration, en forme d'étoile à cinq pointes. On l'accorde aux braves soldats, aux fonctionnaires d'élite, aux citoyens éminents. D'un côté elle porte l'effigie de la République, et de l'autre cette devise : « Honneur et Patrie. »

Croquant. En 1594, les paysans du Centre se soulevèrent contre les seigneurs, qui dévoraient, *croquaient* le pauvre monde. Leur cri de guerre était : « Sus aux croquants ! »

D

Deniers publics. Revenus de l'État.

Déserter. Quitter son poste, abandonner le régiment sans autorisation.

Douane. Administration chargée de percevoir les droits à l'entrée et à la sortie des marchandises sur la frontière d'un pays.

Dragonnades. Persécutions exercées contre les protestants sous Louis XIV et dans lesquelles les dragons déployèrent une cruauté excessive.

E

Écervelé. Celui qui a l'esprit léger, qui manque de jugement.

Effraction. L'action de briser une porte, une clôture.

Égoïsme. Vice qui consiste à tout rapporter à soi, à ne penser qu'à soi.

Émigré. Émigrer, c'est quitter son pays. Dès le début de la Révolution, beaucoup de royalistes passèrent ainsi à l'étranger, et un grand nombre commirent le crime de s'enrôler dans les armées ennemies.

Emploi. Fonction dans une administration, dans un bureau, notamment dans les services publics, dans un ministère, les douanes, etc.

Équiper. Fournir quelqu'un d'armes, d'outils, etc. Se dit surtout de l'armement des troupes.

Étrivières. Coups donnés avec la courroie d'un étrier et par analogie, avec une courroie quelconque.

F

Fièvre de septembre. Fièvre causée par les émanations qui s'échappent des marais au commencement de l'automne.

Factieux. Celui qui excite des troubles publics ou qui y prend part.

Fondrière. Creux produit dans le sol par un éboulement souterrain ou par le séjour de l'eau.

G

Galères. Peine qui consistait à passer une partie de sa vie à ramer sur des vaisseaux qu'on appelait galères.

Gabelou. Employé d'octroi. Ce mot qui vient de *gabelle*, l'ancien impôt du sel, est une sorte d'injure.

Gentilhomme. C'est le nom qu'on donnait aux nobles de l'ancien régime.

Giberne. Boîte en cuir dans laquelle les soldats mettent leurs cartouches.

Grève (se mettre en). Se dit des ouvriers quand ils s'entendent pour refuser tous à la fois de travailler, et forcer ainsi les patrons à les mieux payer.

Grandes manœuvres. Mouvements exécutés par des troupes pour apprendre à faire la guerre.

Guillotiner. Exécuter par la guillotine, machine inventée à la fin du siècle dernier par le docteur Guillotin pour couper le cou des condamnés à mort.

H

Hérétique. On appelait ainsi ceux qui s'écartaient en quelque point des *dogmes* professés par l'Église catholique.

Héritage. Ce qui vient par voie de succession. Hériter, c'est devenir propriétaire d'une chose par droit de succession : Il a hérité de son père.

Hiérarchie. Ordre des fonctionnaires, par rang d'importance et de puissance dans un service public.

Hypothèque. Droit qui grève les immeubles affectés à l'acquittement d'une obligation. Prendre hypothèque, emprunter sur hypothèque.

I

Infamant. Se dit d'une action honteuse, indigne d'un honnête homme; les peines infamantes sont celles qui déshonorent à jamais un homme.

Invasion. Faire invasion, pénétrer militairement. La France a subi plusieurs invasions : la dernière est celle des Prussiens en 1870-71.

J

Jetée. Sorte de mur très épais, qu'on bâtit dans la mer, au devant de l'entrée des ports, pour arrêter les vagues.

L

Légion étrangère. Corps de troupes employé principalement en Algérie et composé de jeunes gens de nationalité étrangère.

Léguer. Transmettre par testament les biens que l'on possède.

M

Marant. Vieux mot féodal, pour signifier les habitants d'une terre, les gens forcés de l'habiter (*manere*, demeurer) parce qu'ils appartenaient au seigneur.

Mandat d'arrêt. Ordonnance en vertu de laquelle une personne soupçonnée d'un crime peut être mise en prison. Le *juge d'instruction* peut seul lancer un mandat d'arrêt.

N

Nationaux. Nos nationaux, ce sont les Français, nos compatriotes, qui résident en pays étranger.

Noise. Chercher noise : chercher querelle.

O

Obus. Boulet de forme allongée, creux, chargé de poudre, de manière à éclater en l'air ou en touchant la terre.

Officiel. On appelle officiel tout acte, toute parole, tout imprimé qui a été fait, publié ou approuvé par le Gouvernement. Une expression officielle est un terme dont on se sert dans les actes de l'administration.

P

Pacte de famine. Association secrète formée, sous le règne de Louis XV, dans le but d'accaparer les grains à bas prix, de les envoyer hors de France afin d'exciter la hausse, et de les réimporter ensuite avec d'énormes bénéfices. — Le roi Louis XV lui-même s'était rendu actionnaire dans ce trafic infernal pour 10,000,000 de francs. (Th. Lavallée, *Hist. des Français*, t. III, p. 490.)

Pâques (Faire ses). Communier au moment de la fête de Pâques.

Passe-droit. Préférence injuste accordée à une personne au détriment d'une autre et contre le droit.

Peste. Maladie contagieuse. La peste de Marseille, en 1720, fit périr 85,000 personnes.

Phare. Sorte de tour au sommet de laquelle est placée une lampe colossale dans une cage de verre, pour indiquer leur route aux navires durant la nuit.

Pillage. Se dit du vol à main armée des objets qui peuvent se trouver dans une maison ou dans une ville, surtout quand il est le fait d'une troupe de soldats.

Pic du Midi. Montagne élevée, d'un accès difficile, à treize kilomètres de Bagnères-de-Bigorre (Hautes-Pyrénées).

Précepteur. Celui qui est chargé de l'éducation d'un ou de plusieurs enfants dans une famille.

Psautier. Recueil de psaumes et de cantiques.

Q

Quintaine. Droit féodal qui obligeait les nouveaux mariés de condition roturière à se livrer à des divertissements devant le seigneur, faute de quoi il fallait payer une amende.

R

Race. Variété constante d'une même espèce : races de chevaux, races d'hommes. Les différents peuples se divisent en trois grandes races principales : la race blanche, la race jaune et la race nègre. On subdivise encore les races. La race latine comprend : les Italiens, les Français, les Espagnols, les Roumains et une partie des Suisses ; la race germanique comprend : les Allemands, les Anglo-Saxons, les Scandinaves.

Raisonner. Raisonner quelqu'un : s'adresser à sa raison ; chercher à lui faire comprendre quelque chose.

Rat de cave. Commis des contributions qui visite le vin dans les caves ; expression injurieuse.

Recrutement. Recrutement militaire : levée d'hommes.

Retraité. Jouissant de la pension qui est accordée par l'État aux vieux fonctionnaires après un certain temps de service.

Roturiers. Nom qu'on donnait aux serfs affranchis, c'est-à-dire à ceux qui étaient attachés à une terre, sous la condition de la défricher.

Toute leur liberté consistait en ce qu'ils ne pouvaient être vendus sans la terre.

Roue. Supplice horrible qui consistait à briser à coups de barre de fer les membres du patient attaché sur une croix ou sur une roue.

S

Services publics. Les administrations entretenues par l'État pour le bien des citoyens : les postes, les écoles, les routes, sont l'objet d'autant de services publics.

Symbole. Signe visible d'une chose qu'on ne voit pas. Le symbole de la patrie, c'est un signe qui doit nous rappeler et nous faire penser qu'elle est là, avec nous, invisible et présente.

T

Timbre. Droit que l'État prélève sur les effets de commerce, actes notariés ou autres, factures, etc., etc.

Trafic. Commerce. Au figuré : trafiquer de son honneur, c'est-à-dire vendre ses actes, son influence, crime honteux.

Tricolore. Qui est de trois couleurs.

Trône. Siège sur lequel se place, pour les cérémonies, un souverain, roi ou empereur.

Tunisie. Par le traité de Kassar-Saïd (12 mai 1881), la Tunisie est placée sous le protectorat de la France.

Tunnel. Souterrain qui passe à travers une montagne, sous une rivière ou sous un chemin. On est en train de creuser un tunnel sous la Manche.

Tuteur ou tutrice. Personne à qui la loi confie l'administration des biens d'un mineur, d'un fou, ou d'un interdit.

Tyran. Celui qui abuse de son autorité, qui gouverne avec cruauté.

V

Vilain. Habitant des villages : se disait, sous l'ancien régime, par opposition aux habitants des châteaux, ou châtelains.

Z

Zoroastre. Fondateur de la religion des mages chez les Perses et les Mèdes.

TABLE DES MATIÈRES

AVANT-PROPOS. 5

CHAPITRE PREMIER. — **Le service militaire. — La Patrie.**

I. Tout le monde doit le service militaire. 11
II. Exceptions au service de cinq ans. 13
III. Utilité du service militaire. — Égalité dans l'armée. 15
IV. Armée active, réserve, armée territoriale. — Droits de la Patrie menacée 17
V. Organisation de l'armée . . . 18
VI. Organisation de l'armée (suite). — La discipline 21
VII. Par qui est décidée la guerre ? 23
VIII. Peut-il y avoir encore des guerres ? 25
IX. On doit aimer sa patrie. . . 27
X. Soyons fiers de nos grands hommes. — La Patrie est la grande famille. 28
XI. C'est un honneur de servir son pays. — Le drapeau tricolore est le symbole de la Patrie. — La fête du 14 juillet 1880. 30

CHAPITRE II. — **L'impôt.**

I. L'impôt est nécessaire pour entretenir l'armée. 37
II. Comment était entretenue l'armée autrefois ? 38
III. L'impôt est comme une compagnie d'assurances 40
IV. Tout le monde profite de l'impôt. 41

V. L'impôt sert aussi à construire des monuments utiles, tels que les écoles, etc. 43
VI. Tout le monde doit payer l'impôt. — Les contributions directes. 44
VII. Les contributions indirectes 45
VIII. Les employés des finances. . 47
IX. Établissement du budget. . . 48

CHAPITRE III. — **La justice.**

I. Les juges seuls ont le droit de punir. 52
II. La cour d'assises et à quoi elle condamne. 53
III. Tribunal correctionnel. — Juge de paix. — Cour d'appel. — On ne peut se faire justice soi-même. 56
IV. Le tribunal civil. 58
V. La cour de cassation. — La conciliation. 59
VI. Le tribunal de commerce. — Le conseil de guerre. — Égalité de la justice. 60

CHAPITRE IV. — **Le Parlement. — La loi. — Le Gouvernement.**

I. Le vote. 65
II. Il faut bien voter. — Comment y arriver. 67
III. Il faut lire les journaux. — Le vote est secret. 68
IV. On ne peut entrer armé dans la salle du vote, ni menacer ou corrompre les électeurs.. . 71

V. La Chambre des députés. —
Le Sénat.   73
VI. L'Assemblée nationale. —
Comment on vote une loi . . .   74
VII. Tout le monde doit obéir à
la loi, puisque c'est la nation
entière qui l'a faite   76
VIII. Le Gouvernement   77
IX. Le coup d'Etat. — Ce qu'il
faudrait faire alors   78
X. République. — Monarchie . .   80
XI. Il faut être tolérant en politique   82

CHAPITRE. V. — État. — Communes. — Départements.
— Administration.

I. Les ministres   87
II. Le département. — Le conseil
général.   88
III. La commune. — Le conseil
municipal   89
IV. Ministère de l'instruction pu-
blique   91
V. Enseignement secondaire. —
Enseignement supérieur. . . .   94
VI. Les cultes.   95
VII. Ministère de la justice . . .   96
VIII. Ministère de la guerre. —
Ministère de la marine   97
IX. Ministère des finances. . . .   98
X. Ministère des travaux publics,
— postes et télégraphes . . .   100
XI. Ministère de l'agriculture, —
du commerce, — des colonies,
— des beaux-arts.   101
XII. Ministère des affaires étran-
gères   103
XIII. Les trois espèces d'adminis-
trations. — Communes. — Dé-
partements. — Etat   105

CHAPITRE VI. — Liberté. — Égalité.
Fraternité.

I. La devise républicaine, — Liberté.   111
II. Comment on est libre.   113
III. On ne doit pas nuire à la liberté des autres.   115
IV. Ce qu'on n'est pas libre de ne
pas faire. — A qui nous devons
nos libertés   117

V. Égalité. — Comment tous les
Français sont égaux   118
VI. La différence d'âge, de fortune, etc. n'empêche pas l'égalité
dans la société   120
VII. Tout le monde doit pouvoir
s'instruire également   122
VIII. La fraternité. — Nous devons
aimer les autres. La fraternité
c'est d'abord la justice.   123
IX. La fraternité est plus que la
justice, elle nous enseigne à faire
du bien aux autres   125
X. La fraternité et la charité. . .   127
XI. Les trois parties de la devise
républicaine se tiennent   129

CHAPITRE VII. — La Révolution.

I. Les bienfaits de la Révolution.   133
II. Les serfs attachés à la glèbe .   135
III. Les droits féodaux. — Le seigneur seul chassait. pêchait et
avait droit de justice   137
IV. Les droits féodaux (suite). —
Les bans, la corvée, la dîme, le
champart, le carpot, les redevances   139
V. Les droits féodaux (suite). —
Le moulin banal, le four banal.
les droits de pulvérage, de
blairage, la quintaine, les tailles
seigneuriales   141
VI. Les famines. — Les taxes
royales.   143
VII. La taille. — Comment on
payait les impôts. — Où allait
l'argent.   145
VIII. Comment c'était en temps
de guerre.   147
IX. Les maîtrises et jurandes. . .   149
X. Le service militaire   151
XI. L'impôt. — La justice. . . .   152
XII. La justice (suite). — Administration.   153
XIII. Ce qu'était la liberté avant
la Révolution.   155
XIV. L'égalité et la fraternité avant
la Révolution   157
XV. Qui sème le vent récolte la
tempête. — La Révolution nous
a donné la liberté, l'égalité, la
fraternité.   159

LÉON GAMBETTA   167
DÉCLARATION DES DROITS DE L'HOMME ET DU CITOYEN . .   172
LEXIQUE   175

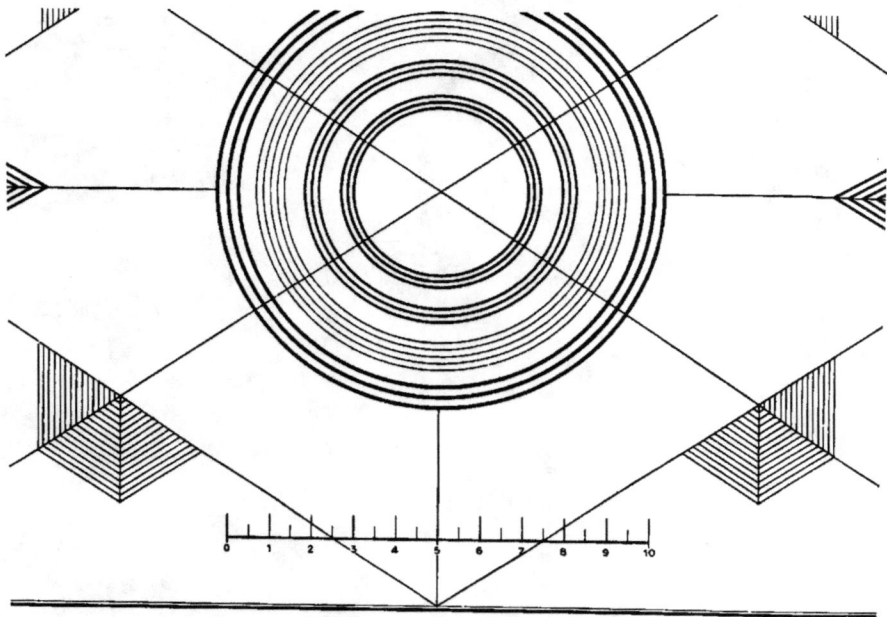

SERVICE PHOTOGRAPHIQUE